Was jetzt kommt

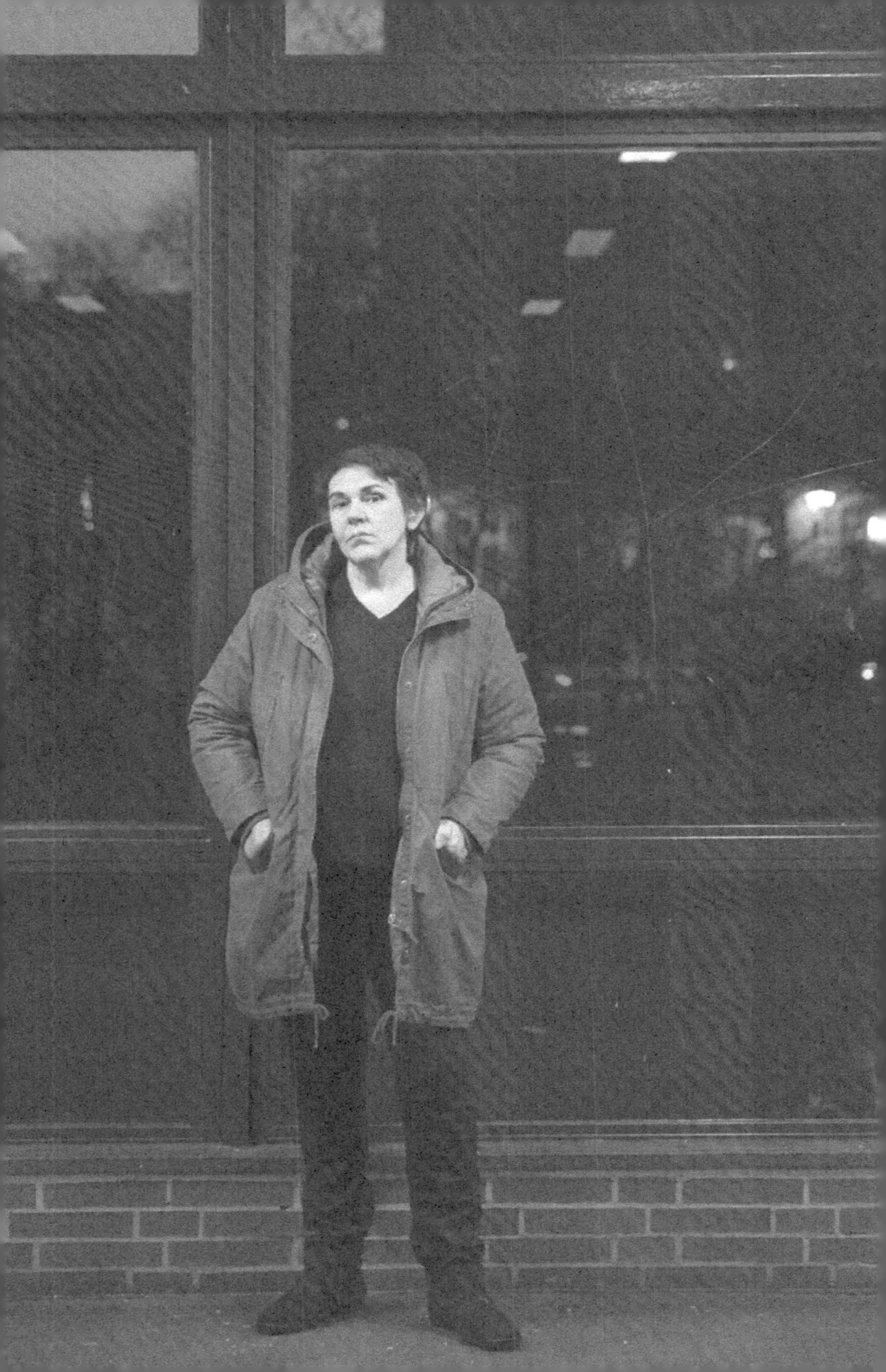

CHRISTIANE RÖSINGER

WAS JETZT KOMMT

AUSGEWÄHLTE SONGTEXTE

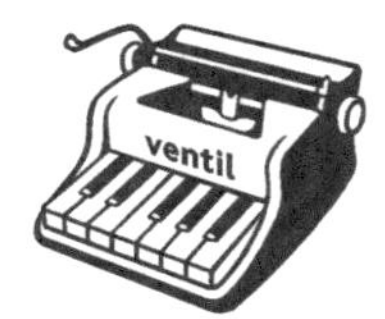

CHRISTIANE RÖSINGER wuchs im Badischen auf und zog 1985 nach West-Berlin, wo sie 1988 zusammen mit Almut Klotz und Funny van Dannen die lustigste und schlaueste Band jener Tage, die Lassie Singers, gründete. Mit Almut Klotz betrieb sie zudem das Label Flittchen Records und die legendäre Flittchen Bar in der Maria am Ostbahnhof. Nachdem sich die Lassie Singers Ende der 90er auflösten, gründete Rösinger zusammen mit Julie Miess, Barbara Wagner und Britta Neander die Band Britta, die fünf Alben veröffentlichte. 2010 erschien ihr erstes Soloalbum »Songs Of L. And Hate« und zuletzt »Lieder ohne Leiden« (2017).

Rösinger ist Autorin zahlreicher Bücher, zuletzt »Zukunft machen wir später. Meine Deutschstunden mit Geflüchteten« (2017) und schrieb für diverse Tageszeitungen und Magazine. Zudem kuratiert sie seit 2010 die Veranstaltungsreihe »Flittchenbar im Südblock«. In den letzten Jahren zog es Rösinger verstärkt zur Bühne. Für das Stück »Feminista Baby« (Deutsches Theater), in welchem sie auch auftrat, schrieb sie die Musik. 2019 hatte ihr wohnungspolitisches Musical »Stadt unter Einfluss« Premiere im Hebbel-Theater am Ufer, zwei Jahre später eben dort ihr feministisches Singspiel »Planet Egalia«. Christiane Rösinger lebt und arbeitet nach wie vor in Berlin.

Fotos: Archiv Lassie Singers, Archiv Britta, Archiv Christiane Rösinger

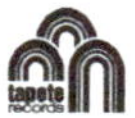

In Kooperation mit Tapete Records

1. Auflage November 2022
ISBN 978-3-95575-183-8

Covergestaltung: Heiko Franz, Büro 76
Innenayout und Satz: Oliver Schmitt
Druck und Bindung: CPI Books GmbH, Leck

Ventil Verlag, Boppstr. 25, 55118 Mainz
www.ventil-verlag.de

INHALT

LASSIE SINGERS

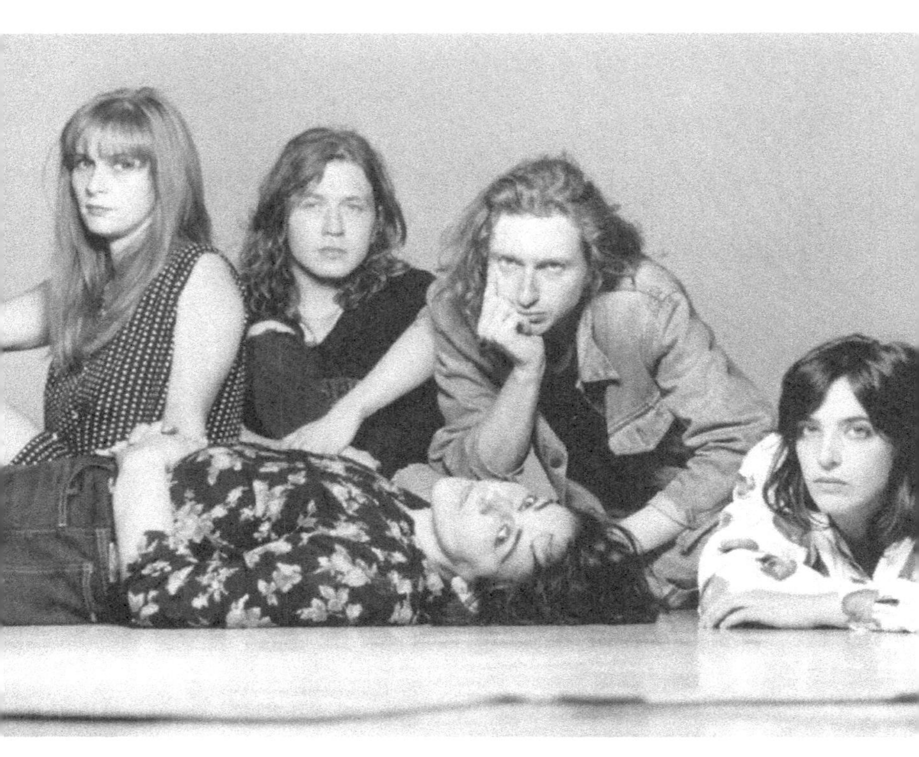

Die Lassie Singers gründeten sich um 1986 in Kreuzberg, und wie bei historischen Ereignissen nicht selten, gibt es zwei Gründungsversionen.

Tatsache ist, dass Almut und ich uns im Fischbüro trafen, im hinteren Ende Kreuzbergs, in der ausgestorbenen Köpenicker Straße, die kaum ein Auto befuhr, denn sie endete an der Mauer – an der Rückseite markierte die Spree die Grenze zu Ost-Berlin.

Das Fischbüro war eine Ladenwohnung mit zwei Schaufenstern, aber es war auch ein eingetragener Verein, in dessen Satzung stand, man wolle Konsumenten zu Produzenten machen. Genau kann man das Fischbüro nicht erklären, es war ein wöchentlich stattfindendes experimentelles Treffen mit einem Hang zu vielen Getränken, zur Forschung und zu dadaistischer Unterhaltung. Jeden Donnerstag war Krisensitzung, jeden Samstag geöffnet mit Programm.

Es gab Vorträge über das Paarungsverhalten des Stichlings, Walzertanzkurse, Modenschauen für Herr und Hunde, Menschen in sprechenden Audiokleidern, Bürolyrik, Blutperformances. Im Luftschutzkeller unterm Büro spielten Bands, es gab dort die ersten Berliner House-Partys.

Manchmal spielten wir aus Programmnot heraus das heitere Beruferaten »Was bin ich?« nach oder eröffneten im Hinterzimmer mit einem Kinder-Roulette eine Spielhölle.

Die Jungs machten Musik, hatten Bands und erzählten wichtigtuerisch, sie hätten ein »Demo aufgenommen«. Almut und ich beobachteten das und kamen zu dem Schluss: Menno, wir wollen auch mal eine Demotape haben und auftreten und nicht immer nur für Einkauf und Organisation zuständig sein!

Almut und mich verband von Anfang an das Singen und die gemeinsame Erinnerung an unsere Dorfjugend und die Schlager der Siebzigerjahre. Sie kam aus Hornberg im Schwarzwald, ich aus Hügelsheim am Fuße des Schwarzwalds, aber wir trafen uns erst in Kreuzberg. Wenn man aus einem kleinen Dorf kommt und stundenlang am Samstag durch den Schwarzwald kurvt, um in die eine Disco zu gehen, dort dann nur Phil Collins läuft und es auch sonst schrecklich ist und man wieder singend nach Hause fährt – dann sind die Fahrten das Schönste. Wir waren beide regelrecht singsüchtig.

Als wieder einmal an einem Samstagnachmittag noch kein Programm für den Abend stand und wir uns zum Aufräumen im Fischbüro trafen, kam uns die schöne Berliner Sitte, nicht mehr benötigte Möbelstücke einfach auf die Straße zu stellen, zur Hilfe.

Dimitri, der später den »Tresor« entdeckte und Techno nach Berlin brachte, hatte schon Tage zuvor einen gut erhaltenen Kasperletheater-Rahmen gefunden und ins Fischbüro geschleppt. Eine herrenlose Bügelmaschine und unsere Singsucht kamen dazu, und schon war die Idee der lebenden Musikbox geboren.

Die Bügelmaschine integrierten wir mit einfachen Mitteln in den Kasperletheater-Rahmen. Die Mechanik der Bügelmaschine funktionierte noch, und wir nutzten sie. Dazu schnitzten wir einen groben Schlitz in den Holzrahmen, sodass nach Geldeinwurf die Walze der Bügelmaschine von innen manuell in Bewegung gesetzt werden konnte. Um die Walze wanden wir auf Papier unsere Songauswahl, mit Edding wurden etwa 30 Stücke aufgelistet. »Ein Schiff wird kommen«, »Rote Lippen soll man küssen«, »Eine neue Liebe ist wie ein neues Leben« …

Abends, nachdem das Publikum eingetroffen war, saßen wir Interpretinnen geduckt mit Kinder-Casio, kleinem Verstärker und Mikrofon in der Box und warteten auf die ersten Hörerwünsche. Das Konzept ging sehr gut auf: Es wurde pausenlos gewünscht, und die Walze stand nie still. Für uns Singsüchtige gar kein Problem.

Aber das dünne Blatt Papier mit den Songtiteln erhitzte sich, roch irgendwann verschmort und fing schließlich an zu qualmen, und da Almut und mich nicht nur unsere Singsucht, sondern auch eine irrational große Angst vor elektrischem Strom verband, ging der erste Auftritt unter Todesängsten zu Ende, brachte aber bereits den Durchbruch.

Einige Tage zuvor oder danach besuchten wir zusammen mit anderen aus dem Fischbüro eine Party im Nebenhaus.

Dort spielte Funny van Dannen seine Songs, und Almut und ich sangen zweistimmig mit: »Falsche Gedanken bringen dich um dein Glück«.

Kathrin, ebenfalls aus dem Fischbüro, war auch dabei – sie kannte Funny und einen Schlagzeuger, und so trafen wir uns zur ersten Bandprobe. Nur aus Zufall waren wir drei Sängerinnen und wurden fortan als Girl-Group oder auch als »Landpfarrer und seine Singschar« wahrgenommen.

Wir hatten sofort viele Auftritte in kleinen Bars, auf Ausflugsschiffen und Hochzeiten, aber Funny verließ uns bald, und wir waren verzweifelt, denn wir hatten ja immer nur Schlager und seine Songs gesungen. »Ihr schafft das auch ohne mich«, sagte er.

»Aber wie?«, rätselten wir. Wir wussten es nicht. Ich erzählte Almut eine unschöne Episode vom Vorabend, der schöne Satz »Mein Freund hat mit mir Schluss gemacht – ich kann ihn nicht mehr leiden« war da.

Eine Bekannte vermittelte uns einen sehr guten Gitarristen, der neu aus Karlsruhe nach Berlin gekommen war, und mit Herman Hermann war dann bald der Lassie-Sound gefunden.

MEIN FREUND HAT MIT MIR SCHLUSS GEMACHT

Mein Freund hat mit mir Schluss gemacht
Ich kann ihn nicht mehr leiden
Endlich, endlich wieder frei
Bin ich nicht zu beneiden?

Er denkt, ich bin allein zu Haus
Nein, nein, nein, nein
Er denkt, ich wein mir die Augen aus
Nein, nein, nein, nein
Er denkt, mein Leben ist zerstört
Und ich weiß nicht mehr, wer ich bin
Doch ich bin schon wieder unterwegs
Es ist gar nicht so schlimm

Er ist so gemein
Letztendlich konnt ich nie mit ihm
So richtig lustig sein
Er denkt, ich träume schlecht
Und red mit allen nur von ihm
Wenn er nur wüsste, wie wild entschlossen
Ich schon wieder bin

Mein Freund hat mit mir Schluss gemacht
Ich kann ihn nicht mehr leiden
Endlich, endlich wieder frei
Bin ich nicht zu beneiden?

Er denkt, ich sitz am Telefon
Nein, nein, nein, nein
Er denkt, ich wart auf seine Reaktion
Nein, nein, nein, nein
Er denkt, ich bin gelähmt vor Schmerz
Und lieg nur noch so rum
Mein Exfreund ist bei Licht betrachtet
Wirklich ganz schön dumm

Er ist so gemein
Er ist gar nicht besonders toll
Und bildet sich doch so viel ein
Ich reiße mich zusammen, renn ihm
Bestimmt nicht hinterher
Ach, Menno! Jungs sind undurchsichtig
Feige und verquer

Mein Freund hat mit mir Schluss gemacht
Ich kann ihn nicht mehr leiden
Endlich, endlich wieder frei
Bin ich nicht zu beneiden?
Mein Freund hat mit mir Schluss gemacht
Ich kann ihn nicht mehr leiden
Ich kann ihn nicht mehr leiden
Ich kann ihn nicht mehr leiden

FRAUEN AM RANDE DES NERVENZUSAMMENBRUCHS

Der Schlüssel ist weg, ich lebe im Dreck
Die Hose platzt, und wieder ruft mich niemand an
In meinem TV geht nur das erste Programm
So fängt's an
Die Nachbarn hören Tag und Nacht den gleichen Mist
Der Strom ist abgestellt und der Hausflur vollgepisst
So sieht's aus!

Frauen am Rande des Nervenzusammenbruchs
Sind total am Ende
Frauen am Rande des Nervenzusammenbruchs
Klettern auf die Wände
Wenn du eine Katastrophe bist
Wenn dein Herz den Kopf zerfrisst
Wenn du nur noch schreien kannst:
Dann bist du
Die Frau am Rande des Nervenzusammenbruchs!

Die Kupplung klemmt, die U-Bahn brennt
Und dann schnappt mir auch noch so'n Dreckskerl die
Taxe weg
Niemand hält an, es hat keinen Zweck
Ich komm hier nicht weg
Zu allem Unglück stürzt auch noch die Mauer ein
Und mein Ex aus'm Osten will bei mir rein
So sieht's aus

Frauen am Rande des Nervenzusammenbruchs
Sind total am Ende
Frauen am Rande des Nervenzusammenbruchs
Klettern auf die Wände
Wenn du eine Katastrophe bist
Wenn dein Herz den Kopf zerfrisst
Wenn du nur noch schreien kannst:
Dann bist du
Die Frau am Rande des Nervenzusammenbruchs!

Ich nehme zu viel, ich hab Pech im Spiel
Pech in der Liebe und auch Pech im Straßenverkehr
Alles geht schief, und das Valium ist leer
Ich kann nicht mehr
Und dann schlaf ich betrunken in meiner Stammkneipe ein
Und mein neuer Schwarm geht mit 'ner anderen heim
So sieht's aus

Frauen am Rande des Nervenzusammenbruchs
Sind total am Ende
Frauen am Rande des Nervenzusammenbruchs
    klettern auf die Wände
Wenn du eine Katastrophe bist
Wenn dein Herz den Kopf zerfrisst
Wenn du nur noch schreien kannst
Dann kannst du wirklich alles vergessen
Und die Feuerwehr rufen
Denn dann bist du
Die Frau am Rande des Nervenzusammenbruchs!

WARUM NETTE MÄDCHEN NIEMALS GLÜCKLICH WERDEN KÖNNEN

Alle netten Mädchen suchen einen wilden Mann
Mit dem ein nettes Mädchen niemals glücklich werden kann

Ein Mann, der nie zu Hause ist
Der mit fremden Frauen küsst
Ein Mann, der sie zum Weinen bringt
Und ihr letztes Geld vertrinkt

Alle netten Mädchen kriegen einen braven Mann
Mit dem ein nettes Mädchen leider niemals wild sein kann

Ein Mann, der immer zu Hause ist
Den Gutenachtkuss nie vergisst
Der niemals aus dem Rahmen fällt
Und das Geld zusammenhält

Alle netten Mädchen suchen einen wilden Mann
Mit dem ein nettes Mädchen niemals glücklich werden kann

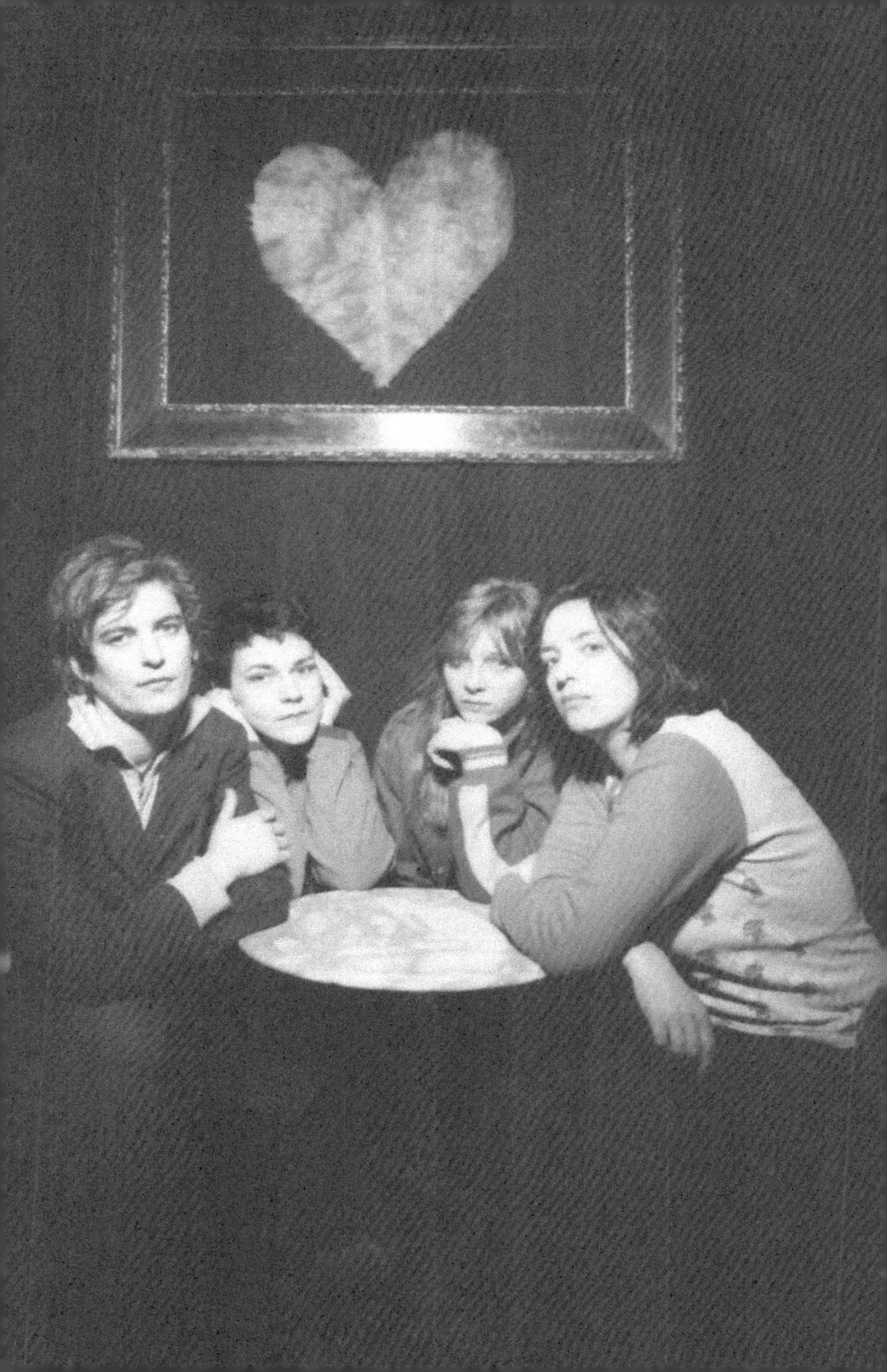

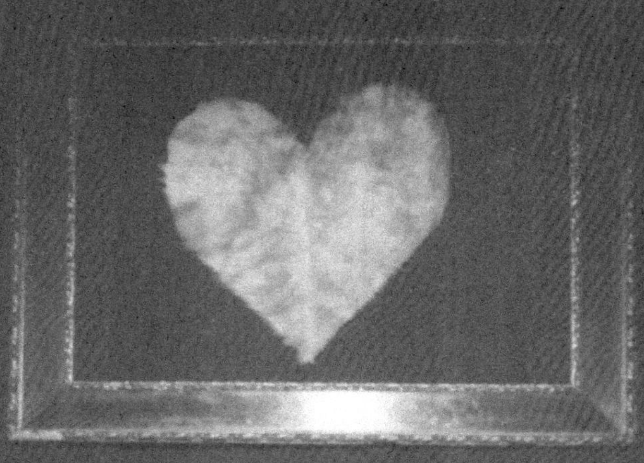

CHARTBREAKER

Meine Freundin und ich, wir saßen zusammen
Und sprachen von unseren alten Flammen
Wir schrieben sie auf und teilten sie ein
Das war'n die Charts, doch wir blieben allein

Nummer 6 stieg auf 5, und 5 war verreist
Mein Gefühl zu 16 längst schon vereist
Ein dummes Wort von Nummer 3
Und mit den Top 10 war's für ihn vorbei
Wir suchten verzweifelt den Lückenfüller
Wir fanden keinen, doch dann kam der Knüller

Chartbreaker, was hast du gemacht?
Ein Blick und es hat gekracht
Chartbreaker, ich sah dich und du kamst von 0 auf 1
In einer Sekunde
Chartbreaker, what have you done
One shot like out of a gun
Chartbreaker, I saw you and you came from 0 to 1
In only one second

Die Liste war voll, doch die Herzen waren leer
Es gab einfach keine Neuzugänge mehr
Nummer 7 war'n Flop, Nummer 8 war meistens grob
Nummer 11 war wie 10, 10 wollt ich längst nicht mehr seh'n
Nummer 9 sah ich schon Wochen nicht mehr
Das war das Sommerloch, das traf uns so schwer
Irgendwann war uns alles egal
Wer keine Wahl hat, der hat keine Qual
Vergiss die Charts, es ist vorbei
Es gibt keine Nummer 8, Nummer 7, Nummer 3
Es gibt nur den:

Chartbreaker, was hast du gemacht?
Ein Blick, und es hat gekracht
Chartbreaker, ich sah dich und du kamst von 0 auf 1
In einer Sekunde
Chartbreaker, what have you done
One shot like out of a gun
Chartbreaker, I saw you and you came from 0 to 1
In only one second
Chartbreaker (don't be a)
Heartbreaker (don't be a)
Heartbreaker
Ich sah dich, und du kamst von 0 auf 1
In einer Sekunde

DIE PÄRCHENLÜGE

Das Leben ist schon hart genug
Alleinstehende haben's doppelt schwer
Pärchen sind wie Parasiten
Pärchen werden immer mehr
Sie küssen, wo sie gehen und stehen
Und schauen sich nicht um
Pärchen bitte draußen bleiben
Uns wird's jetzt zu dumm

Pärchen stinken, Pärchen lügen
Pärchen winken und fahr'n nach Rügen
Cocktails trinken, Kartoffelchips essen
Händchen halten und die Freunde vergessen

Pärchen, verpisst euch, keiner vermisst euch
Pärchen, verpisst euch, keiner vermisst euch

Wenn du abends
Voller Hoffnung in die ganzen Kneipen gehst
Wenn du morgens
Mit der neuen Bravo an der Haltestelle stehst
Die Pärchenlüge ist überall, ihr Anblick ist nicht schön
In jedem Winkel von deiner Stadt kannst du sie sehen
Kannst du sie sehen

Pärchen stinken, Pärchen lügen
Pärchen winken und fahr'n nach Rügen
Kindheit besprechen, beim Frühstück verwöhnen
Streit vom Zaun brechen und dann schön versöhnen

Pärchen verpisst euch, keiner vermisst euch
Pärchen verpisst euch, keiner vermisst euch

Ihr denkt, ihr seid im Märchen
Und seid nur blöde Pärchen
Los, stürzt euch ins Verderben
Denn Pärchen müssen sterben

Alle Pärchen müssen sterben

LASSIE SONG

Die Leute nennen mich einen Space-Cowboy
Die Leute sagen, ich sei ein Gangster of Love
Ich lass die Leute reden
Es hat doch keinen Sinn
Denn ich weiß selbst ganz genau, was ich bin

Ich bin kein Model, ich bin kein Trottel
Ich brauch keinen Loddel
Ich bin nicht Wilma Feuerstein
Jede Wette, bin keine Klette, bin keine Schlaftablette
Bin nicht bei Daktaris daheim

Die Leute sagen: »Baby, du bist nicht modern«
Und dein Leben steht unterm schlechten Stern
Du bist nicht cool, und du lässt dich gehen
Du musst dich ändern, musst mal um dich sehen

Ich bin kein Oldie, ich bin kein Teenie
Nicht so bezaubernd wie Jeanny
Auch Emma Peel hol ich nicht ein
Ich bin nicht Skippy, nicht Miss Piggy
Ich seh nicht aus wie Twiggy
Ich will nicht Jane von Tarzan sein

Ich bin nicht Fury, ich bin nicht Flipper
Ich bin ein Daytripper
Und auch zu Bambi sag ich Nein
Ich bin kein Groupie, nicht von der Navy
Ich bin kein Acid-Baby
Ich will ein Lassie-Singer sein

Ich bin nicht Fury, ich bin nicht Flipper
Ich bin ein Daytripper
Und auch zu Bambi sag ich Nein
Ich bin kein Groupie, nicht von der Navy
Ich bin kein Acid-Baby
Ich will ein Lassie-Singer sein

Ich will ein Lassie-Singer sein

WIR WOLLEN GAR NICHT BESSER SEIN

Alle sagen: »Ihr singt falsch und laut
Dass ihr euch auf die Bühne traut!
Euer Geschrei kann doch keiner mehr hören«
Doch wir lassen uns nicht stören

Nach dem Konzert sind die Manager still
Keine Firma, die uns haben will
Die einen sagen: »Ihr müsst noch viel üben«
Die anderen sagen: »Ihr macht kein Vergnügen«

Wir wollen nämlich gar nicht besser sein
Hauptsache nämlich, wir können immer schreien
So sind wir, und so bleiben wir
Und wenn's euch nicht passt
Was wollt ihr hier?

Manche Menschen sind ganz gemein
Da darf man nie ein Lassie Singer sein
Sie fragen: »Wann ist denn der Krach vorbei?«
Oder holen gleich die Polizei

Eines Tages wird's ganz verrückt
Wir werden in jeder Jukebox gedrückt
Unsere Musik läuft in allen Bars
Und dann sind wir echte Stars
Und dann werdet ihr euch wundern

Dann brauchen wir nämlich gar nicht besser sein
Dann können wir nämlich immer nur schreien
Dann zahlt ihr für uns ganz viel Geld
Auch wenn euch die Musik überhaupt nicht gefällt

Wir wollen nämlich gar nicht besser sein
Hauptsache nämlich, wir können immer schreien
So sind wir, und so bleiben wir
Und wenn's euch nicht passt
Was wollt ihr hier?

JEDER IST IN SEINER EIGENEN WELT

Sonja steht seit viereinhalb Jahren
Vor dem Einfamilienhaus am Rande der Stadt
Sonja zermartert sich oftmals den Kopf
Fühlt sich unausgeglichen, nutzlos und matt
Sonja blickt oft neidvoll zum Fluss, zu den anderen Hecken
Die so selbstbewusst und stolz
Ihre wilden Zweige zum Himmel strecken
Sonja fragt sich:
Warum kann ich eigentlich nicht bei denen stehen?
Dann wär alles viel besser
Und ich würd endlich auch mal ihre Witze verstehn!

Sonja? – Ja

Sonja, gib nicht auf, sei stark und denk daran
Es gibt ein kleines Wort, das dir helfen kann
Jeder ist in seiner eigenen Welt, aber meine ist die richtige
Aber meine ist die richtige
Jeder ist in seiner eigenen Welt

Oskar wäscht seit Jahr und Tag
Bei der kinderreichen Familie Schmidt im Neubaugebiet
Oskar ist voll ausgelastet und vital
Beim Schleudern summt er oftmals ein lustiges Lied
Oskar hat sich schon als junge Waschmaschine unentbehrlich gemacht
Er ist wie in der Werbung die Klementine
Oskar steht immer volle Kanne im Mittelpunkt
Und natürlich hat er noch niemals im Leben danebengepumpt

Oskar? – Ja

Bei dir liegt der Sachverhalt anders
Die Probleme von Sonja kennst du nicht
Dir muss man nicht extra sagen
Es gibt ein Wort, das dir verspricht:
Jeder ist in seiner eigenen Welt, aber meine ist die richtige
Aber meine ist die richtige
Jeder ist in seiner eigenen Welt

Steffi turnt tagein, tagaus
Auf ihrer Käfigstange mit stumpfem Blick
Sie ist zufrieden, denn sie hat, was sie braucht
Sie guckt in den Spiegel und sieht ihr eigenes Glück
Steffi sitzt ein bisschen vor sich hin
Und dann pickt sie vom Salatblatt runter
Und auch beim Wasser ist noch was drin
Sie spricht mit ihren gefiederten Freunden
Draußen vor dem Fenster
Und sie schläft nachts immer ruhig
Denn sie sieht niemals Gespenster

Steffi? – Ja

Zu dir fällt uns nichts ein
Du brauchst nicht viel, zweifelst nie an dir
Du hast dein trautes Heim, und trotzdem gilt auch hier:

Jeder ist in seiner eigenen Welt, aber meine ist die richtige
Aber meine ist die richtige
Jeder ist in seiner eigenen Welt

JOHNNY, JIM UND JACK

Unsere besten Freunde heißen Johnny, Jim und Jack
Rum, Tequila braun und weiß, wir hauen alles weg
Koks und Speed und Ecstasy im Überfluss
Und von Johnny, Jim und Jack den Abschiedskuss

Mein Freund Johnny und ich
Wir war'n ein tolles Paar
Wir standen jede Nacht beisammen
An irgendeiner Bar
Zweimal hat es mir dann den Führerschein geraubt
Aber ich hab immer noch an ihn geglaubt

Unsere besten Freunde heißen Johnny, Jim und Jack
Rum, Tequila braun und weiß, wir hauen alles weg
Koks und Speed und Ecstasy im Überfluss
Und von Johnny, Jim und Jack den Abschiedskuss

Mein Freund Jim und ich
Wir war'n auch ein echt gutes Team
Wir zogen durch die Straßen
Ich und Jim Beam
Er hat mich zwar fast um den Verstand gebracht
Doch ich liebe ihn, warum eigentlich?
Hach, was haben wir gelacht!

Unsere besten Freunde heißen Johnny, Jim und Jack
Rum, Tequila braun und weiß, wir hauen alles weg
Koks und Speed und Ecstasy im Überfluss
Und von Johnny, Jim und Jack den Abschiedskuss

Mein Freund Jack und ich
Das war 'ne tolle Nummer
Er hat mich so angeturnt, nie gab es Liebeskummer
Unsere Partys waren wild, und die wurden immer toller
Und Jack wurd immer leerer
Und ich wurd immer voller!

Unsere besten Freunde heißen Johnny, Jim und Jack
Rum, Tequila braun und weiß, wir hauen alles weg
Koks und Speed und Ecstasy im Überfluss
Und von Johnny, Jim und Jack den Abschiedskuss

GEH IN DEN KELLER

Schlafen heißt nicht essen
Krankheit ist ein Wort
Lieben, verlieren, einkaufen gehen
Man muss auch mal nach den Menschen sehn

Reden heißt auch schweigen
Hamburg ist ein Ort
Licht kann schnell verklingen
Du musst über Schatten springen
Türen schlagen, Schränke stehen
Muss ich jetzt in den Keller gehen?

Geh in den Keller, und reiß dich zusammen
Traurige Blumen haben nichts zu bedeuten
Geh in den Keller, und reiß dich zusammen

Blindheit muss dabei sein
Alle sind im Fluss
Augen brennen, Kinder schreien
Vergangen muss gewesen sein

Stark sein heißt auch schwach sein
Mittag ist zu spät
Luft bewegt sich, roter Fleck
Die Wände stehen, der Raum ist weg
Sägen kreischen, Katzen gehen
Ich muss heut noch den Keller sehn

Geh in den Keller, und reiß dich zusammen
Traurige Blumen haben nichts zu bedeuten
Geh in den Keller, und reiß dich zusammen

DIE GROSSE LIEBE

Die große Liebe kommt immer wieder
Die große Liebe kommt immer wieder
Die große Liebe kommt immer wieder
Die große Liebe kommt immer wieder

Die Straßen sind leer
Der Regen fällt schwer
Ich denke nicht mehr

Denn ich bin allein, muss das so sein?
Ich will zu dir, komm doch zu mir

Die Farben sind stumm
Das Radio spielt dumm
Kein Mensch weiß, warum

Und ich bin allein, muss das so sein?
Ich will zu dir, komm doch zu mir
Ich weiß, das Glück gibt es nicht ohne dich

Oh Liebe, die große Liebe, wo bleibt die Liebe?
Oh Liebe, die große Liebe, wo bleibt die Liebe?
Wo bleibt das Glück?

Die große Liebe kommt immer wieder
Die große Liebe kommt immer wieder
Die große Liebe kommt immer wieder
Die große Liebe kommt immer wieder
Die große Liebe kommt bald zurück

In der Bar flirrt das Licht
Gelächter ganz dicht
Die Nacht noch so jung

Und ich bin allein, muss das so sein?
Ich will zu dir, komm doch zu mir

Die laute Welt
Die Musik und das Geld
Die sind mir so fern

Denn ich bin allein, muss das so sein?
Ich will zu dir, komm doch zu mir
Ich weiß, das Glück gibt es nicht ohne dich

Oh Liebe, die große Liebe, wo bleibt die Liebe?
Uuh Liebe, die große Liebe, wo bleibt die Liebe?
Wo bleibt das Glück?

Die große Liebe kommt immer wieder
Die große Liebe kommt immer wieder
Die große Liebe kommt immer wieder
Die große Liebe kommt!

MÄNNLICHE MITMENSCHEN XY UNGELÖST

Informationen
Finden sie wichtig
Unterdrückung prangern sie an

Kapitalismus
Finden sie scheiße
Und dass Dialog nie funktionieren kann

Zweimal die Woche gehen sie in Proberäume
Machen Feedbacks
Und reden von Verstärkersorgen
Manchmal gern auch wild
In Läden rumgebrüllt
Wenn der Terminator tilt und dann zwei Whiskey

Dann aber schön nach Hause, ja?

Männliche Mitmenschen
Männliche Mitmenschen
Statt XX seid ihr XY
Bitte macht was draus!

Dreckige Witze
Finden sie unfair
Rätseln aber lieber über Gott, die Rippe, Mann und Frau
Kindheit: okay, Jugend: normal
Eine Enttäuschung und schon voll im Lebensstau

Dann lernen sie ein tolles Mädchen kennen
Ihre Bereitschaft steht im Gesicht geschrieben
Doch sie fragen sich:
Meint sie wirklich mich?
Spiegelt sie nur ihr Ich, und jeder ist für sich?
Dann kann man ja auch gleich alleine nach Hause gehen

Männliche Mitmenschen
Männliche Mitmenschen
Statt XX seid ihr XY
Bitte macht was draus!

Es ist ja nett von euch
Dass ihr euch in uns reinversetzen wollt
Doch das wird nix, lasst es lieber sein
Wir lieben euch, wir wollen euch
Wir nehmen euch, so wie ihr seid!

Männliche Mitmenschen
Männliche Mitmenschen
Statt XX seid ihr XY
Bitte macht was draus!

HAMBURG

Rumfahren
Waren wir schon in Frankfurt?
Pause? Nein, geht nicht
Dreh mal die Kassette um
Die Landschaft hier ist fucking brill
TOYS ERR US? Komisch
Unfall
Wie viele Tage müssen wir noch
Gewitterhimmel
In Köln könnten wir hinterher noch zum Mexikaner gehen
Urzeitfunde im Werratal

Kamener Kreuz links vorbei
im Radio läuft HR3
Frankenhöhe, Schnitzelalarm
Super plus und dann nichts wie rauf nach

Hamburg
Jesus liebt dich
Wo am Hafen die Schiffe und die Fische schlafen
Skianzüge am Hans-Albers-Platz
Frühstückstyrannen und auch Sorgenbrecher
Du altes Hamburg
Unsere Schatzstadt
Wo am Hafen die Schiffe und die Fische schlafen

Schwarzwald
Um fünf Uhr müssen wir da sein
Kühe! Kühe! Kühe!
Nicht schon wieder Hip-Hop
Ach, ich will nach Hause!

Ich auch, ich auch
Wo ist das Ex & Pop von Monheim?
Annuss Fleisch!
Hey, rechts ist ein Baggersee!
Keine Zeit, keine Zeit

Nur weil wir keine Ausbildung haben
Machen wir den ganzen Scheiß!
Bodennebel
Heut Nacht ruft mich jemand an

Kamener Kreuz links vorbei
im Radio läuft HR3
Frankenhöhe, Schnitzelalarm
Super plus und dann nichts wie rauf nach

Hamburg
Jesus liebt dich
Wo am Hafen die Schiffe und die Fische schlafen
Skianzüge am Hans-Albers-Platz
Frühstückstyrannen und auch Sorgenbrecher
Du altes Hamburg
Unsere Schatzstadt
Wo am Hafen die Schiffe und die Fische schlafen
Du eitle Hanse
Alle wollen dich
Und du weißt das
Und du genießt das
Und dir gefällt das
Und du brauchst das
Du sexy Hamburg

WIE EIN ENGSTIRNIGER TAXIFAHRER EINE AUFKEIMENDE JUNGE LIEBE EINFACH SO ZERSTÖRT HAT (KÖLN)

Ich und meine Gruppe standen vor dem Mexikaner
In einer fremden Stadt
Wir tranken Margaritas und Zitronenbiere
Und fühlten uns ganz privat
Da sah ich ein paar blitzende Augen
In meine schauen, die Zeit blieb stehen
Der Körper dazu lehnte an einen Kombi
Ich dachte: Bitte lieber Gott
Lass ihn jetzt bloß nicht geh'n!

Doch er ging nicht, er kam sogar her zu mir
Es war unglaublich hoffnungsvoll
Wir redeten gleich wild aufeinander ein
Er war lustig und nett und toll
Erst in der zweiten Strophe werden wir dann Drogen nehmen
Doch ich war schon jetzt elektrisiert
Wie standen noch immer vor dem Mexikaner, ich dachte:
Mensch bin ich gespannt, was heute noch passiert!

Es sah so gut aus
Liebe war im Spiel
Doch es wurde nichts draus
Der Weg blieb das Ziel
Brigaden der Sehnsucht
Setzten wir auf uns an
Alles passte zusammen
Ich Frau und du Mann

Der Mexikaner machte Schluss
Meine Gruppe und ich
Wir wollten noch was erleben
Glücklicherweise war er gleich dabei
Er war so klasse und verwegen
Wir stolperten singend durch die fremde Stadt
Wir lachten und fanden uns gut
Er nahm mich beiseite
Ich dachte, er würde mich küssen
Doch dann teilten wir uns Drogen
Und das machte mir Mut

Die Disco wollte zwölf Mark Eintritt von jedem
Wir sagten Nein und gingen weg
Das Taxi nahm nur vier statt fünfe mit
Überreden hatte keinen Zweck
Er rief: Ich komme nach! Die Tür schlug zu
Wohin wir gehen, hat er nicht mehr gehört
Ich prangere an, dass ein Taxifahrer
Eine aufkeimende Liebe einfach so zerstört!

Es sah so gut aus
Liebe war im Spiel
Doch es wurde nichts draus
Der Weg blieb das Ziel
Brigaden der Sehnsucht
Setzten wir auf uns an
Alles passte zusammen
Ich Frau und du Mann

ICH

In meinen Augen steht so vieles, was mir sagt
Ich fühl genauso wie ich
Ich bin das Mädchen, das zu mir gehört
Ich lebe nur noch für mich

Ich bin alles, was ich habe auf der Welt
Ich bin alles, was ich will
Ich – ich allein kann mich verstehen
Ich – ich will nie mehr von mir gehen

Seit ich mich kenne, ist mein Leben rundum schön
Und es ist schön nur durch mich
Was auch geschehen mag
Ich bleibe bei mir
Ich lass mich nie mehr im Stich

Ich bin alles, was ich habe auf der Welt
Ich bin alles, was ich will
Ich – ich allein kann mich verstehen
Ich – ich will nie mehr von mir gehen

Wo ich auch bin, was ich auch tue
Ich hab ein Ziel, und dieses Ziel
Bin ich! Bin ich! Bin ich!

Ich bin alles, was ich habe auf der Welt
Ich bin alles, was ich will
Ich – ich allein kann mich verstehen
Ich – ich will nie mehr von mir gehen

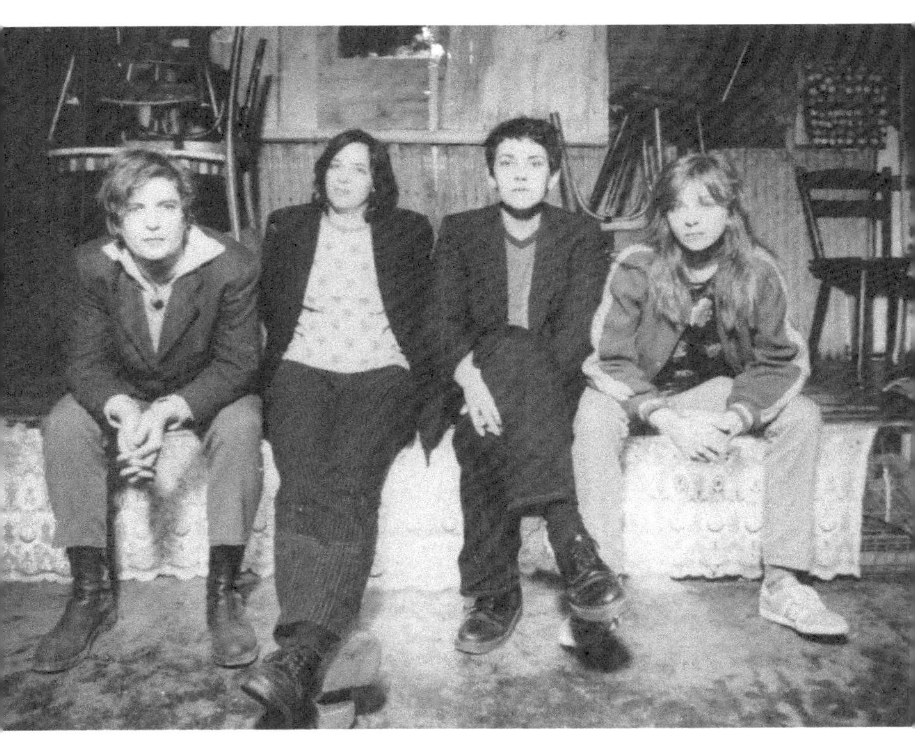

RADIOMANN

Er heißt Thomas oder Michael, Helmut oder Klaus
Und er geht jeden Morgen in ein großes Haus
Lange Flure, gepolsterte Wände
Gedämpftes Licht und kalte Hände
Er geht in einen kleinen Raum
Die Menschen hinter der Glasscheibe bemerken ihn kaum
Doch dann leuchtet das rote Licht
Er richtet sich ruckartig auf und spricht:
»Hallo, Boys und Girls ...«

Und die Stimme wird zur Welle und verlässt die Station
In dem Kasten mit den Knöpfen wird sie wieder zur Person

Radiomann
Unsichtbarer Don Juan
Weil man Radio nicht sehen kann
Spricht ihn draußen keiner an
Er ist ein Radiomann
Audiogener Don Juan
Radiomann

Tausend Menschen kennen ihn, seit es ihn da gibt
Hunderte bewundern ihn, zehn sind blind verliebt
Seine Stimme ist irgendwie menschlich
Er gibt auch nicht so an
Er ist salopp, und seine Wortbeiträge
Sind auch nicht so lang
Seine Sendung heißt »Hitgymnastik am Morgen«
Er selbst taut erst am Abend auf
Doch das bleibt uns verborgen
Und leuchtet erst das rote Licht
Kommt wieder der Ruck im Körper, und er spricht:

Und die Stimme wird zur Welle und verlässt die Station
In dem Kasten mit den Knöpfen wird sie wieder zur Person

Radiomann
Unsichtbarer Don Juan
Weil man Radio nicht sehen kann
Spricht ihn draußen keiner an
Er ist ein Radiomann
Autogener Don Juan
Radiomann

IST DAS WIEDER SO NE PHASE

Mein Zimmer – mein Kosmos
Mein Sofa – die Erde
Mein Fernseher – die Sonne
Nonstoptageträumerei

Ich bin so müde
Vergähne mein Leben
Im Zeitlupentempo
Hasse es und doch egal

Wie auf Wolken
Wie in Watte
Wie im Körper
Urtierhafte Faulheit

Ich will da raus
Und doch nicht richtig
Draußen lebt es
Ist doch gar nicht wichtig
Ist doch gar nicht wichtig

Ist das wieder so ne Phase
Oder bleibt das jetzt für immer so stehen?
Werd ich jemals noch in diesem Leben
Wieder aufstehen, mich anziehen
Und auf die Straße gehen?

Fernbedienung, Sachen essen
An die Decke starren
Und immer, immer wieder Bett

Ein Leben im Liegen
Im Madendasein vegetieren
Pathologisch willensschwach

Tiere summen
Kühlschrankbrummen
Fliegen summen
Dann verstummen
Kann man nix machen
Das ist halt so

Ich will da raus
Und doch nicht richtig
Draußen lebt es
Ist doch gar nicht wichtig
Ist doch gar nicht wichtig

Ist das wieder so ne Phase
Oder bleibt das jetzt für immer so stehen?
Werd ich jemals noch in diesem Leben
Wieder aufstehen, mich anziehen
Und auf die Straße gehen?

P.A.R.A.N.O.I.D.

100.000 Horrorhelden spielen in mir stummer Zoo
Gar nicht wahr, du lässt dich gehen
Menschen machen sich Geschenke
Und ich weiß nicht mal, wo
Schau doch nach, schau einfach nach
Ich werd nicht wach, wo soll das enden? Paranoid
Vergesst mich nicht, lasst mich nicht hier! Paranoid

Was ist los?
Verdammt noch mal, was für ein Hundeleben!
Sei Motor!
Was heißt Motor, ich bin so daneben
Du bist ein alter Jammerlappen
Nein! Doch! Nein! Doch!
Scheißegal!
Was heißt egal, ich macht es euch ganz schön leicht
Hör doch auf!
Ja, ich hör auf, weil's mir sowieso reicht
Nebelsumpfgasschabe
Du bist P.A.R.A.N.O.I.D.

Alle wollen nur bei mir duschen, seh ich aus wie ein Hotel?
Sei Hotel, sei du Hotel
Dann leihen sie sich Langspielplatten
Keiner will was sexuell!
Kann nicht sein, das liegt an dir
Alle wollen was von mir haben! Paranoid
Keiner will was von mir wissen! Paranoid

Was ist los?
Verdammt noch mal, was für ein Hundeleben!
Sei Motor
Was heißt Motor, ich bin so daneben
Du bist ein alter Jammerlappen
Gar nicht! Doch! Nein! Doch!
Scheißegal!
Was heißt egal, ich macht es euch ganz schön leicht
Hör doch auf
Ja, ich hör auf, weil's mir sowieso reicht
Nebelsumpfgasschabe
Du bist P.A.R.A.N.O.I.D.

LEBEN IN DER BAR

Nachschatten hocken in Rudeln beieinander
Es ist zwei Uhr – so spät – wo bleibt der Feuersalamander?
Die Venusfalle scharrt ihre Opfer um sich herum
Und schreit:
Ach, ich bin wieder mal das Mauerblümchen – warum?

Fremde Pelze geh'n
Und die Blindschleichen kann man nicht verstehen
Silberfischchen weinen still
Und der Altbaukäfer weiß nicht, was er
Trinken will

Leben in der Bar
Schlafen kann ich, wenn ich tot bin
Verliebt bin ich sowieso
Ich sag: Mikrokosmos, hallo!
Ya Ya Yippie Yippie Yay!
Ein Stuhl, ein Glas, ein Geld
Das Pony steht vor der Tür
Ich hab alle Zeit der Welt

Glühwürmchen verschwenden ihr Luciferin
Die Schlaftablette steht kurz auf und setzt sich wieder hin
Der Fegefeuerheld lässt sich mal wieder blicken
Die Nacktschnecken freuen sich sehr, sie wollen ficken
Jemand ruft: Du lässt dich gehen!
Kleine Dramen, die vorüberwehen
An der Wand kleben böse Feen
Und plötzlich: Eddie-Alarm! Hotte-Alarm! Duck dich!
Auf Wiedersehen!

Leben in der Bar
Schlafen kann ich, wenn ich tot bin
Verliebt bin ich sowieso
Ich sag: Mikrokosmos, hallo!
Ya Ya Yippie Yippie Yay!
Ein Stuhl, ein Glas, ein Geld
Das Pony steht vor der Tür
Ich hab alle Zeit der Welt

Draußen ist es kalt
Gehen fällt schwer
Die Luft wird immer dünner
Die Sterne blitzen sehr
Die Nacht zeigt sich so feindlich und stumm
Die Bar ruft: Komm!
Und ich kehr um

Leben in der Bar
Schlafen kann ich, wenn ich tot bin
Verliebt bin ich sowieso
Ich sag: Mikrokosmos, hallo!
Ya Ya Yippie Yippie Yay!
Ein Stuhl, ein Glas, ein Geld
Das Pony steht vor der Tür
Ich hab alle Zeit der Welt

MEIN ZUKÜNFTIGER EX-FREUND

Du stehst in der Ecke und ahnst noch nichts
Aber wegen mir bist du da
Du wirst nämlich mein nächster Freund werden
Und zwar mindestens für ein Jahr
Noch sind wir Fremde und sagen nicht mal Hallo
Und wenn ich an dir vorbeigeh, dann guckst du nur mal so

Ob du's glaubst oder nicht, ich weiß es schon genau
Wir lernen uns bald kennen und ich freu mich schon darauf
Früher oder später läuft es darauf hinaus
Ich bin mir ganz sicher (aber du ahnst noch nichts)
Ich weiß es insgeheim:

Mein zukünftiger Ex-Freund
Mein zukünftiger Ex-Freund
Mein Ex-Freund in spe
Das wirst du sein

Du bist nicht auf der Suche
Ich such dich nicht. Wir sind einfach nur da
Deine Augen sind gut, dein Pullover ist schön
Alles ist wunderbar
Du redest mit meiner Freundin
Ich rede mit deinem Freund
Die Musik ist laut, viele Menschen kommen
Ein fremdes Mädchen weint

Es kann nicht mehr lange dauern, dann stehst du neben mir
Wenn nicht heute, dann morgen, ich bin sowieso hier
Zeit spielt keine Rolle, wir werden uns kriegen
Ich bin mir ganz sicher (aber du ahnst noch nichts)
Ich weiß es insgeheim:

Mein zukünftiger Ex-Freund
Mein zukünftiger Ex-Freund
Mein Ex-Freund in spe
Das wirst du sein

ENTREZ LA NATURE

Schlüsselblumen
Baumalleen und Kühe
Wir fahren aufs Land
In aller Herrgottsfrühe
Einkehr in der Wirtschaft
Rumpelstilzchen bringt Brühe
Weiter geht's, wir schauen hinaus
Frau Zecke fährt schon mit
Alles wird so leicht wie durch Zauberei
Das Allernormalste kann so abgründig sein

Entrez la nature
Sauvage et hyper-pure
Mother nature's ready for you
Are you ready for her too?
Arc au ciel dans la pluie
Enchantez jusqu'à la nuit
Take somebody's hand
Enjoy environment
Der Wald, die Maus, das Feld, der Tau
Die sagen: Komm aufs Land

Wir steigen aus
In der Abendkühle
Seitenstechen, Verstiegenheitsgefühle
Der Igel sagt: Ich bin schon da
Gebt euch keine Mühe
Der Fuchs und der Hase sagen sich Gut Nacht
Alles wird so leicht wie durch Zauberei
Das Allernormalste kann so abgründig sein

Fahr hinaus aufs Land
Da bist du unbekannt
Nimm dir einfach frei
Natur ist mit dabei
Sei nicht so bequem
Warum nicht 'n Stückchen gehn
Ruf einfach jemand an, der mit dir kommen kann
Der Wald, die Maus, das Feld, der Tau
Die sagen: Komm aufs Land

AMPELMANN

Dich gibt es schon seit vielen Jahren
Du bist so alt wie der Verkehr
Im Osten wurdest du aufgeblasen
In Amerika abgeschafft
Und durch Buchstaben ersetzt
Dort kennt dich heut' keiner mehr

Ampelmann, du zeigst mir immer an
Ob ich stehen oder gehen kann
Ampelmann, keiner weiß es genau
Fehlt dir nicht eine Ampelfrau?

Herr Dingsbums hat dich mal erfunden
1924 in Berlin
Tagschicht, Nachtschicht, sonntags Überstunden
Keine Gewerkschaft nimmt dich auf
Die Zentrale beutet dich aus
Und manchmal schaltet dich einer aus

Ampelmann, du zeigst mir immer an
Ob ich stehen oder gehen kann
Ampelmann, keiner weiß es genau
Fehlt dir nicht eine Ampelfrau?

Vielleicht führst du ja ein Doppelleben?
Stellst statt dir selbst ne Attrappe hin
Seilst dich ab
Triffst dich heimlich mit deinen Kollegen
In der Ampelbar
Wo noch kein Mensch war
In der Ampelbar, wo früher keiner war

Ampelmann, du zeigst mir immer an
Ob ich stehen oder gehen kann
Ampelmann, keiner weiß es genau
Fehlt dir nicht eine Ampelfrau?
Ampelmann, du zeigst mir immer an
Ob ich stehen oder gehen kann
Ampelmann, keiner weiß es genau
Fehlt dir nicht eine Ampelfrau?

DU LÄSST DICH GEHEN

Du bist so komisch anzusehen
Denkst du vielleicht, das finde ich schön?
Auch für Männer gibt es Millionen Frisuren auf der Welt
Davon hast du die unvorteilhafteste ausgewählt
Aus Prinzip kaufst du dir nie neue Sachen
Okay! Aber dann bitte mal waschen
Bei dir stinkt's immer nach totem Tier mit Strumpf
Deine Bloß-nichts-Schönes-in-die-Wohnung-Attitüde
Wirkt gewollt und schlump
Du stehst auf Junkfood, Lüften hast du nie gelernt
Und deine Mama wohnt so weit, so weit entfernt

Du lässt dich gehen
Merkst du nicht, wie stumpf du bist
Du lässt dich gehen

Du lässt dich gehen
Merkst du nicht, wie unsexy du bist
Du lässt dich gehen

Du bist so langweilig
Dass wir uns wundern, dass wir 'n Stück machen über dich
Nicht belastbar bis zum Gehtnichtmehr, machst du total
auf cool
Dazu den Charme von einem Küchenstuhl
Es stimmt mich froh, dass ich nicht deine Freundin bin
Neben dir aufzuwachen wär für mich gelinde ausgedrückt
schlimm
Leise Kritik hat bei dir keinen Zweck
Denn die beleidigte Leberwurst rennt gleich weg
Herr Übersprungshandlung, wussten Sie schon
Keiner will Sie haben, nur Frau Helferinnensyndrom

Du lässt dich gehen
Merkst du nicht, wie stumpf du bist
Du lässt dich gehen

Du lässt dich gehen
Merkst du nicht, wie unsexy du bist
Du lässt dich gehen

LANGEWEILE

Keiner ruft mich an
Und sagt, was man machen kann
Es liegt nicht am Geld, und es liegt nicht an mir
Zu allem bereit, bin praktisch immer hier

Gebt mir endlich einen Abend
Einen kriminellen Abend
Von dem ich zehren kann

Langeweile
Langeweile
Langeweile

Ich seh gut aus und wohne zentral
Ich hab was zu sagen, interessier mich total
Erlebnisbereitschaft x hoch tausend
Erfüllungsquote kleiner gleich null

Gebt mir endlich einen Abend
Einen kriminellen Abend
Von dem ich zehren kann

Langeweile
Langeweile
Langeweile

Einen Abend wie Harald Juhnke
Eine tausend vierzig Millionen hunderttausend und
eine Nacht
Und einen Morgen auf einem anderen Stern

Langeweile
Langeweile
Langeweile

ES IST SO SCHADE

Es ist so schade, dass du so bist, wie du bist
Dass du leider nicht ein anderer bist
Dass du leider, leider, ganz du selber bist

Wärst du nur älter oder weiter
Etwas größer, gern auch breiter
Chevaleresker und charmanter
Oder einfach interessanter

Es ist so schade, dass du so bist, wie du bist
Dass du leider nicht ein anderer bist
Dass du leider, leider ganz du selber bist

Wärst du nur wärmer oder tiefer
Lebendiger und lasziver
Ein bisschen lustiger, ein bisschen heller
Ein bisschen sexueller

Dann könnt es sehr gut sein
Dass aus uns mal noch was wird
Doch wenn du du selbst bleibst, wird das nix
Solang du so bist, wie du bist, wird's mit uns nix

Es ist so schade, dass du so bist, wie du bist
Dass du leider nicht ein anderer bist
Dass du leider, leider, ganz du selber bis

FLUGZEUGSPIEL

Wir trafen uns beim Flugzeugspiel
Wenn ich dran denke, krieg ich zu viel
Viele Piloten lernte ich kennen
Doch bei einem blieb ich hängen

Er war Pilot
Ich war nur Passagier
Er abgeflogen, ich immer noch hier
Am Anfang war alles so toll
Doch mein Flugzeug wurde nie voll

Mein Exfreund leihte mir das Geld
Jetzt geh ich putzen in der neuen Welt
Meine Freundin kennt mich nicht mehr
Hat alles verloren, und das war nicht fair

Er war Pilot
Ich war nur Passagier
Er abgeflogen, ich immer noch hier
Am Anfang war alles so toll
Doch mein Flugzeug wurde nie voll

Die Abgestürzten fanden keinen Halt
Denn sie waren nicht angeschnallt
In der Luft gibt es kein Zurück
Doch auf dem Meer such ich jetzt mein Glück

GEHEIME GESELLSCHAFT

Wenn du alleine bist
Und du weißt, du wirst es bleiben
Und deine besten Freunde
Kannst du schon lang nicht mehr leiden
Stille Grundtrauer
Die hinter deinen Tagen steht
Hast du gelernt zu lieben
Weil es sowieso nicht anders geht

Was dir bleibt, ist allein
Das Glück, traurig zu sein
Saturnkind, komm zu uns in die
In die Geheime Gesellschaft
Der melancholischen Kompanie

Wenn sich dein trübes Denken
Immer nur im Kreise dreht
Und du in allem Neuen
Nur die Schwierigkeiten siehst
Du willst reinschlagen
Und irgendetwas Großes tun
Aber alles, was du fertigbringst
Ist, dich vom Leben auszuruhen

Was dir bleibt, ist allein
Das Glück, traurig zu sein
Saturnkind, komm zu uns in die
In die Geheime Gesellschaft
Der melancholischen Kompanie

DAS KISSEN

Sie:
Du bist von mir gegangen
In einer alten Nacht
Neben mir liegt ein Kissen
Das Kissen, das ich dir naht

Du bist von mir gegangen
In eine andere Stadt
Du hast mich nicht mitgenommen
Du hast mich nicht gefrugt

Das Kissen, welches ich meine
In mancher lichtlosen Zeit
Hab ich ihm ein Muster gegeben
Hab Kreuzstich mit Herzblut vereint
Ich stuck all meine Liebe
Und all meinen Hunger hinein
Was ist mir davon geblieben
Das Kissen allein

Er:
Das Muster von dem Kissen
Es machte die Pferde scheu
Ich brug es dir zurück
Warum hast du nicht gefrugt?

LIEBE WIRD OFT ÜBERBEWERTET

Liebe wird oft überbewertet
Liebe ist nicht so wichtig, wie man denkt
Liebe ist nur ein Teilaspekt des Lebens
Und die anderen Teile sind auch nicht schlecht

Überflüssige Liebeslieder
Falsch und schlecht und laut
Tun so, als wär das Leben auf der Sehnsuchtsbasis aufgebaut
Und das stimmt nicht, das ist ganz falsch, denn:
Liebe wird oft überbewertet

Liebe wird oft überbewertet
Liebe ist nicht so wichtig, wie man denkt
Liebe ist nur ein Teilaspekt des Lebens
Und die anderen Teile sind auch nicht schlecht

Überflüssige Liebesfilme
Handlung unwahrscheinlich, familiengerecht
Jugendliche werden so darauf konditioniert
Dass das Leben nur als Paarbindung funktioniert
Und das stimmt nicht, das ist ganz falsch!

Überflüssige Werbefilme
Pärchenromantik, Ergriffenheits-Sexscheiß
Partnervermittlung wird immer obszöner
Und fragt: Wäre Fernsehen zu zweit nicht viel schöner?
Nein! Pfui Teufel! Denn:

Liebe wird oft überbewertet
Liebe ist nicht so wichtig, wie man denkt
Liebe ist nur ein Teilaspekt des Lebens
Und die anderen Teile sind auch nicht schlecht

Liebe – ist gar nicht wichtig
Liebe – ist Baldrian fürs Volk
Liebe – ist eine Erfindung des 18. Jahrhunderts
Ist tautologisch, nämlich:
Liebe – was soll das?

ICH BIN DIR JETZT SCHON DANKBAR

Da war ne Zeit, als ich so traurig war
In einem alten, kalten Jahr
Da traf ich dich in dieser neuen Bar
Und du sahst so gut aus mit deinem ganzen langen Haar
Und ich kam immer öfters, und auch du warst ständig da

Und wir haben getanzt
Und so rumgemacht
Und trotzdem ging jeder zu Fuß nach Hause jede Nacht
Und ich will was von dir, und wenn ich das nicht krieg

Ich bin dir jetzt schon dankbar, so dankbar
Schmerzvoll, ernsthaft, grundlos a priori
Dankbar, dankbar, dankbar

Das alles liegt schon so weit zurück
Es ist dahingestorben nach und nach und Stück für Stück
Wenn wir uns heute sehn, bist du so touchy-charmant
Doch dabei läuft gar nichts, nur angetäuschte Sexstunts
Du bist unten durch, du feiger Hund

Ich war dir zu früh dankbar, so dankbar
Schmerzvoll, grundlos, glaubhaft a priori
Dankbar, dankbar, dankbar

ICH GLAUB, ICH HAB EIN FAIBLE FÜR IDIOTEN

Meine Freunde sagten, du wärst nichts wert
Es wäre Perlen vor die Säue
Du wärst hochgradig verhaltensgestört
Und ich würd's bestimmt bereuen
Du wärst eklig, egozentrisch
Allgemein kein guter Typ
Nicht belastbar und nicht fassbar
Und zu blöd für jedes kleine Glück
Zu blöd für mich

Ach, egal was die andern sagen
Ich denk jetzt mal an mich
Ich glaub, ich hab ein Faible für Idioten
Ich glaub, ich hab ein Faible für dich

Und ich dachte, wie waren die anderen?
Auch nicht besser, eher schlimmer
Und mit der Sorte kenne ich mich wenigstens aus
Und Schluss machen kann man immer
Schluss machen geht praktisch immer

Ach, egal was die andern sagen
Ich denk jetzt mal an mich
Ich glaub, ich hab ein Faible für Idioten
Ich glaub, ich hab ein Faible für dich

I don't care what the others say
About prefering you
I think I have a faible for idiots
I think I have a faible for you

WO BLEIBT DER MENSCH

Ich habe kein Geld
Und weil ich nicht fremdbestimmt arbeiten will
Wird das auch so bleiben

Ich habe ein Kind
Aber erst bei fünfen hätte ich ne Chance
Dass mich eins mal durchbringt

Miete, Taxi, Telefon
Alles muss man kaufen
Lebensmittel, Anziehsachen, Strom
Wo bleibt der Mensch, wo darf er ausruhen?

Ich hab nichts gelernt
Und ich habe Angst im Alter
Vor mich hin zu vegetieren

Ich habe Talent
Aber unsere leistungsorientierte Gesellschaft
Will das nicht honorieren

Miete, Taxi, Telefon
Alles muss man kaufen
Lebensmittel, Anziehsachen, Strom
Wo bleibt der Mensch, wo darf er ausruhen?

HUNGER NACH SCHICKSAL

Wenn andere leiden, hörst du zu
Wenn sie verzweifeln, bist du gern dabei
Depressionen-Parasit
Fremde Dramen machen dich so froh
Katastrophen sind ein Genuss
Wenn man sie nicht selbst erleben muss

Hunger nach Schicksal ist, was andere verzehrt
Und du schaust nur zu
Wenn andere vom Leben
Mehr verlangen als das Butterbrot
Dann schaust du und schaust nur

Anergeiertes Geheimnis, vor Gier verzerrtes Echolot
Ankaschierte Spannereien, du kommst mir schon so alt vor

Hunger nach Schicksal ist, was andere verzehrt
Und du schaust nur zu
Wenn andere vom Leben
Mehr verlangen als das Butterbrot
Dann schaust du und schaust nur

WENN DU MICH NICHT WILLST

Wenn du mich nicht willst, will ich dich auch nicht
Wenn ich dich nicht will, dann willst du mich
Wenn du mich nur willst, weil ich dich nicht will
Mache ich nicht mit

Ich bin zu alt, mich zu verstellen
Ich hab's nicht nötig, um Liebe zu betteln
Ich mach das alles nicht mehr mit
Weil ich ja auch nicht muss
Mit diesem Scheiß ist jetzt mal Ende!

Wenn du mich nicht willst, will ich dich auch nicht
Wenn ich dich nicht will, dann willst du mich
Wenn du mich nur willst, weil ich dich nicht will
Mache ich nicht mit

Ich bin zu jung, mich zu verstellen
Ich hab's nicht nötig, um Liebe zu betteln
Ich mach das alles nicht mehr mit
Weil ich ja auch nicht muss
Mit diesem Scheiß ist jetzt mal Ende

Wenn du mich nicht willst, will ich dich auch nicht
Wenn ich dich nicht will, dann willst du mich
Wenn du mich nur willst, weil ich dich nicht will
Mache ich nicht mit

Und dabei wär's so ein Supersommer mit dir
Vielleicht sogar bis September, doch dir ist alles zu viel
Sag mal, bist du so oder tust nur so?
Und spulst das ganze Programm
Und machst dich rar
Dann rufst du an und stellst dich an

Wenn du mich nicht willst, will ich dich auch nicht
Wenn ich dich nicht will, dann willst du mich
Wenn du mich nur willst, weil ich dich nicht will
Mache ich nicht mit

ES KOMMT SCHON WIEDER EINER

Manchmal ist es so verloren
In der Lebensbahn
Glück und Liebe sind Phantome
Da kommt man ganz schlecht dran
Und man denkt nicht mehr daran
Dass es besser werden kann
Und man sagt, was soll denn das?
Ein Leben lang im Einzelgrab

Ach, es kommt schon wieder einer
Das kann doch gar nicht anders sein
Eines Tages kommt wieder einer
Kein Mensch bleibt sein Leben lang allein

Wochen später, nun sind's Jahre
Man ist immer noch allein
Der, der in Frage käme
Scheint noch nicht da zu sein
Und alles schaut so grämlich trübe
Kraus verwirrt und kalt
Und es heißt, nur die Liebe
Gäbe einen kleinen Halt

Ach, es kommt schon wieder einer
Das kann doch gar nicht anders sein
Eines Tages kommt wieder einer
Kein Mensch bleibt sein Leben lang allein

Ach, es kommt doch immer einer
Das kann doch gar nicht anders sein
Eines Tages kommt wieder einer
Sonst beschwer ich mich bei der Naturgesetzpartei

HOTEL DAHEIM

Im Hotel Daheim war kein Zimmer frei
Überall, wo ich nicht bin, will ich lieber sein
Ich wär so gerne promiskuitiv
Und bin doch leider nur politoxikoman

Im Hotel Daheim ist grade Sommerpause
Überall, wo man trotzdem wegwill, ist zu Hause
Ich wär so gerne promiskuitiv
Und bin doch leider nur politoxikoman

Ich muss weitergehen, immer weiter
Manchmal hab ich schon vergessen
Wonach ich suchen wollte
Ich bin so müde, muss noch zur Gießerei
Hab mich verklingelt
Gleicht kommt noch einer vorbei

Im Hotel Daheim wird grad ein Zimmer frei
Doch inzwischen bin ich so weit, mir selbst Hotel zu sein
Sei Hotel, es ist einfacher, als du jetzt denkst
Manchmal bin ich Hotel Garni, gar nie bin ich Ritz
Sei fünf Sterne, welcome to Hotel California
I remember you well in the Chelsea Hotel
Sei dein eigenes Hotel

FREIHEIT AUS EINEM MÄNNERMUND (KOTZEN)

Du hattest mir gleich so gefallen
Wie du so da saßt im Szenecafé
Du brachtest mich mehrmals zum Lachen
Und das fand ich mehr als okay
Wir redeten immer öfter
Durchaus auch auf persönlichem Gebiet
Du wurdest schon fast zu anhänglich
Und ich war kurz vor verliebt

Doch ein falsches Wort
Und der Thrill war fort

Ich kann ja nichts dafür
Und auch dich trifft keine Schuld
Es ist eine allergische Reaktion
Es ist ein rein körperlicher Entschluss
Dass ich jedes Mal, wenn ich das Wort »Freiheit«
Aus einem Männermund höre
Kotzen muss

In der Sache war nun irgendwie der Wurm drin
Das lässt sich nicht anders sagen
Du hattest das »F-Wort« ausgesprochen
Das kann doch kein Mensch ertragen
Warum ich so überreagierte
Scheint dir mit Rätseln behaftet
Warum du von was redest, was du a priori hast
Und gar nicht verkraftest

Kann ich nicht verstehen
Vielleicht liegt's am Gen

Ich kann ja nichts dafür
Und auch dich trifft keine Schuld
Ich kann ja nichts dafür
Es ist eine allergische Reaktion
Es ist ein rein körperlicher Entschluss
Dass ich jedes Mal, wenn ich das Wort »Freiheit«
Aus einem Männermund höre
Kotzen muss

BRITTA

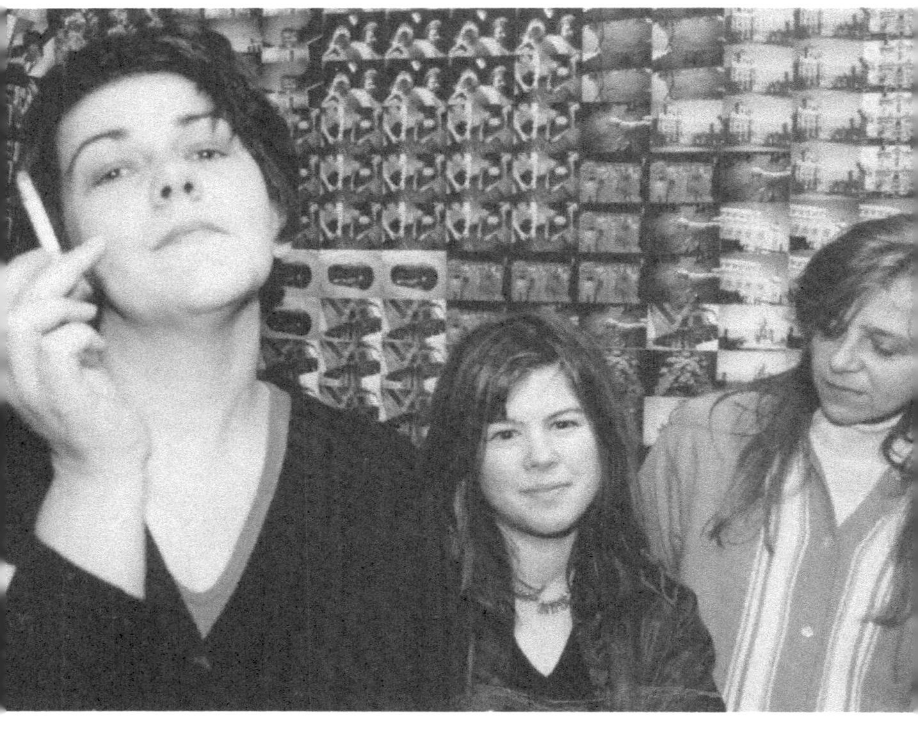

Britta Neander lernte ich 1993 kennen, ich arbeitete im Kreuzberger Weltrestaurant Markthalle, und sie kam morgens zum Teetrinken vorbei. Sie war für mich ein richtiger Star – schon Anfang der Achtziger hatte ich sie mit ihrer Band Carambolage gesehen, sie hatte mit Ton Steine Scherben in Fresenhagen gelebt und spielte im Video zu Rio Reisers »Junimond« Schlagzeug.

Wir freundeten uns an, gingen zusammen in den Proberaum, und bei der letzten Lassie Singers-Platte »Hotel, Hotel« spielte sie Schlagzeug und ging mit auf Tour.

Nur mit Mühe hatte ich Almut zu dieser vierten Lassie-Platte überreden können – ich wusste, danach ist es vorbei. Also baute ich bandlosen Zeiten vor und stellte schon mal eine neue Band mit Britta zusammen.

Julie Miess traf ich in einem Keller in der Weinmeisterstraße in Berlin-Mitte. Dort, wo heute nur noch sinnlose Klamottenläden sind, war in den Neunzigern die HTC-Bar. Von einer verlassenen Ladenwohnung führte eine wacklige Leiter in den Keller. Nach dem Konzert einer befreundeten Band unterhielt ich mich mit Patrick Wagner, damals Chef des Labels kitty-yo. Es ging um neue Bands und neue Bars, und ich erzählte von meiner Suche nach einer Bassistin. Patrick Wagner sagte: Frag doch mal die, und deutete auf Julie Miess. Julie kam aus Karlsruhe, hatte Lust zu proben, fand unsere ersten Songs gut (»Ich würde Flyer drucken lassen«). Und so hatte sich das Trio Bass, Schlagzeug, Gitarre gefunden.

Bei einem Besuch in Hamburg, wir hingen mit Walding (heute Knarf Rellöm) und Jochen (Blumfeld) ab, erzählte ich begeistert von der neuen Band, da fragte mich einer der beiden: Aber wie heißt denn deine neue Band? Die hat noch keinen Namen, sagte ich, und Gini Rösinger, die auch dabei war, wunderte sich: Ich dachte, die Band heißt Britta?

Denn sie hatte manchmal gefragt: Mit wem gehst du heute proben? Und ich hatte dann eben »mit den Lassie Singers« oder »mit Britta« geantwortet. Die Hamburger fanden Britta als Bandnamen sofort sehr gut.

»Hallo! Wir sind Britta aus Berlin!« Das hörte sich doch gut an! Und dabei blieb es dann.

So nannten wir uns also Britta und begannen unsere Konzerte immer mit der Ansage »Hallo! Wir sind die Gruppe Britta aus Berlin!«.

Barbara Wagner trafen wir auf der Suche nach einer Booking-Agentur. Sie begleitete uns auf ein Konzert nach Jena und stieg danach dann am selben Abend noch als Gitarristin und Bookerin ein.

Das erleichterte alles – meine Fähigkeiten an der Gitarre waren sehr beschränkt, und mit Barbara an der Gitarre konnte ich mich aufs Singen und Texte konzentrieren. So fanden wir mit ihr zu unserem leicht postrockbeeinflussten Britta-Sound. Ich war froh, mich vom Girl-Group-Fluch befreit zu haben, auch wenn Britta im Gegensatz zu LS als »zu traurig« oder »depressiv« wahrgenommen wurde.

Endlich konnte ich in den Songs mal für mich alleine sprechen und musste beim Texten nicht immer das Gesangskollektiv oder -Duo mitdenken. Das ergab dann auch inhaltlich ganz andere Möglichkeiten. »Ich bin 2 Öltanks« kann man eben nur alleine singen.

ICH WÜRDE FLYER DRUCKEN LASSEN

Die Tür ist zu
Es ist vorbei
Eigentlich müsst ich jetzt traurig sein
Woher kommt bloß diese Heiterkeit?
Vielleicht weil du mich schon länger langweilst

Du kannst es ab jetzt allen Leuten sagen
Von mir aus dich bei ihnen über mich beklagen
Ich würde eine Anzeige aufgeben
Auf öffentlichen Plätzen darüber reden

Und seit es ausgesprochen ist
Hab ich dich eigentlich weniger vermisst
Vielleicht weil der Mensch so schnell vergisst
Vielleicht weil du so ne trübe Tasse bist

Du kannst es immer noch allen Leuten sagen
Von mir aus in die ganze Welt raustragen
Ich würde Flyer drucken lassen
In vier Farben meine schlechten Eigenschaften

Aber weißt du, was dran so lustig ist
Das Schlimmste und das Dümmste in mir hast du gar
nie mitgekriegt

KUSCHELROCK

Es war ein super Abend, und ich wollte nicht nach Haus
Wir hatten uns was zu sagen
Du hattest Drogen und sahst gut aus
Und jetzt sind wir hier in deinem Zimmer
Pappkartons, ein Bett, erlesene Musik, wie immer
Ich will noch was mit dir erleben
Ich will nichts mehr reden und nichts mehr nehmen
Ich will nur bleiben und mich dehnen
Ich träum von Knochen und vom Sehnen

Gib mir ein Bein, einen Arm und ein Stück Schulter
Gib mir für 50 Pfennig mehr
Mach nicht die Augen zu, und werd nicht komisch
Bleib nur so sitzen, und alles ist okay
Es ist okay, ich bin okay, du bist okay, wir sind okay
Alles ist okay und wird immer okayer

Wir werden morgen nicht wegen heute Freunde sein
Und wie du sicher weißt, ist jeder sowieso allein
Und doch sind wir jetzt schon mehr als das
Denn wir sind Stützen der Ausgehgesellschaft

Gib mir ein Bein, einen Arm und ein Stück Schulter
Gib mir für 50 Pfennig mehr
Mach nicht die Augen zu, und werd nicht komisch
Bleib nur so sitzen, und alles ist okay
Es ist okay, ich bin okay, du bist okay, wir sind okay
Alles ist okay und wird immer okayer

IRGENDWAS IST IMMER

Du fragtest mich, wie war dein Jahr
Und ich konnte nicht sagen, dass es so besonders war
Es war schon besser, und es war schon schlimmer
Und du sagtest, irgendwas ist immer

Ich kam vom Winterschlaf in die Frühjahrsmüdigkeit
Von der Frühjahrsmüdigkeit ins Sommerloch
Ich kam vom Sommerloch in die Herbsttraurigkeit
In den Winterschlaf
Und zwischendurch gab's Momente
Die waren gut

Die sauren Wochen sind noch nicht um
Doch alles verklärt sich in der Erinnerung
Vor allem wenn man nicht vergisst
Dass das Jammern das eigentliche
Zuhause ist

Und zwischen Winterschlaf und Frühjahrsmüdigkeit
Zwischen Frühjahrsmüdigkeit und Sommerloch
Zwischen Sommerloch und der Herbsttraurigkeit
Und dem Winterschlaf
Gibt's immer mal noch Momente
Die sind gut

BOVARY 82

All die großen Dinge
Und das große Leben, das sie erträumt
Das sie jeden Tag
Durch das kleine Leben, das sie führt, versäumt
Macht sie so müde, und es ist
Als ob sie schon gestorben wär
Und trotzdem etwas an ihr frisst
Wilde Jugend ist was anderes und ganz anderswo
Vielleicht in London oder in Hamburg, in Berlin sowieso
Da sehen das Blau des Himmels und der Schmutz der Straße
So undergroundig aus
Und nicht so leer und trostlos
Wie die Wasserlachen hier vorm Haus

Und das würde immer so weitergehen
Und jeder Tag wär so wie der and're
In einer Reihe von immer gleichen Tagen
Und es wäre kein Ende abzusehen

Und sie weiß, dass es heißt
Dass man für alles bezahlen muss
Für »Das Leben ist ein langer ruhiger Fluss«
Und den gefährlichen Genuss
Aber hätte mal wirklich einer sie gefragt
Für das andere hätte sie gerne doppelt und dreifach bezahlt

Das würde immer so weitergehen
Und jeder Tag wär so wie der and're
In einer Reihe von immer gleichen Tagen
Und es wäre kein Ende abzusehen

Und das würde immer so weitergehen
Und das würde immer so weitergehen
Und das würde immer so weitergehen
Und das würde immer so weitergehen
Und das würde immer so weitergehen
Und das würde immer so weitergehen
Und das würde immer so weitergehen
Und das würde immer so weitergehen

EX UND POP

Es gibt einen Ort in Berlin
Da muss ich immer wieder hin
Es ist dort dunkel und langweilig
Man kann Getränke kaufen, und es läuft Musik

Am Ende sind wir betrunken und allein
Und nur die stumpfen Sterne leuchten uns heim
Aber wir sind nie sentimental
Es war okay, es war ja unsere Wahl

An diesen Ort muss ich immer wieder hin
Weil ich von Beruf Desillusionistin bin
Weil es etwas gibt, was überall stört
Und scheinbar nirgendwo hingehört

Und bin ich dort, ist es schon da
Und auch den anderen ist es klar
Dass es vor ihm kein Entrinnen gibt
Nur ein schulternzuckendes Tristesse oblige

Und am Ende sind wir nüchtern und allein
Und nur die stumpfen Sterne leuchten uns heim
Wir stehen ratlos im Morgengrauen und frieren
Aber wir werden nicht lamentieren

MEIN LEBEN ALS HUND

Ich bin gerne vorausgegangen
An der eigenen Leine gehangen
Dankbar für jedes gute Wort
Für den zugewiesenen Ort

Mein Leben als Hund
Mein Leben als Hund
Mein Leben als Hund
War gar nicht so schlecht

ER SAH INTERESSANTER AUS, ALS ER LETZTENDLICH WAR

Er sah interessanter aus, als er letztendlich war
Markante Züge, unkonventionelles Haar
Und er wirkte so desinteressiert
An der Welt, an dem ganzen Drumherum
So vornehm deplatziert
Und doch stets sich selbst genug

Er gefiel mir so gut
Und vielleicht war's auch nur ein Idiot
Zum Reden gab es keinen Grund

Er hatte diesen weltabgewandten Blick
Und den ins Verwahrloste gehenden Chic
Und als er weg war, war ich nicht deprimiert
Aber irgendetwas tat mir leid
Hätte ich mich augenscheinlicher interessiert
Vielleicht hätte ich's nicht bereut

Er gefiel mir so gut
Und vielleicht war's auch nur ein Idiot
Zum Reden gab es keinen Grund

I liked him so much, I hoped we could stay in touch
But there was no reason to speak
Maybe he was just an idiot

DIE NEUE BITTERKEIT

Manche werden komisch
Aber im Sinn von seltsam-verspleent
Andere berühmter, und die haben's ja gar nicht verdient
Nur ich, ich bleib hier sitzen, und ich guck mir alles an
Es hat so was Schickes
Wenn man die anderen vorbeiziehen lassen kann

Es macht mir alles nichts mehr aus
Es ficht mich alles nicht mehr an
Das geht alles an mir vorbei
Was früher schon noch wehtat, ist jetzt fast egal

Ich bin ganz schön cool geworden
Aber nicht im Sinn von resigniert
Es ist die neue Bitterkeit
Sie hat mein Leben reformiert

Bei mir hat's 'n Knacks gegeben
Innerlich ist was passiert
Ich kann's nicht genau beschreiben
Es ist so leicht und heiter irgendwie

Es macht mir alles nichts mehr aus
Es ficht mich alles nicht mehr an
Das geht alles an mir vorbei
Was früher schon noch wehtat, ist jetzt fast egal

UNGLÜCKLICH

Das Wetter für September normal
Und jeden Tag gibt es eine neue Zeitung
Und alles ist wichtig, und nichts ist egal
Und trotzdem ohne jede Bedeutung

Nur meine ewig gleichen Anziehsachen
Das platte Fahrrad vor der Haustür
Die Hunde mit den Banditenhalstüchern

Sie sagen es mir
Sie sagen mir
Du bist unglücklich
Und das wird auch die nächste Zeit so bleiben
Wo so viel Unglück ist
Wer sollte da schon kommen
Was sollte da schon passieren
Um so viel Unglück zu vertreiben

Ausgerechnet jetzt ist der Sommer wohl endgültig vorbei
Doch auch das war abzusehen
Wer jetzt kein Haus hat, der wird sich keins mehr bauen
Wie soll man den Winter da überstehen
Und dieses Mal wird's wirklich schlimm
Denn alles deutet schon darauf hin
Sogar die letzten Sonnenstrahlen
Die so kalt und feindlich in die Zimmer blitzen

Sie sagen es mir
Sie sagen mir
Du bist unglücklich
Und das wird auch die nächste Zeit so bleiben
Wo so viel Unglück ist
Wer sollte da schon kommen
Was sollte da schon passieren
Um so viel Unglück zu vertreiben

Sie sagen es mir
Sie sagen mir
Du bist unglücklich
Und das wird auch die nächste Zeit so bleiben
Wo so viel Unglück ist
Wer sollte da schon kommen
Was sollte da schon passieren
Um so viel Unglück zu vertreiben

Unglücklich
Unglücklich

ICH BIN 2 ÖLTANKS

Backen ist Liebe
Und Fleisch ist ein Stück Lebenskraft
Und ihr fahrt an mir vorbei
Jeden Tag und jede Nacht

Chemie ist Leben
Beton – es kommt drauf an, was man draus macht
Ohne Brummis geht es nicht
Holz – und die Welt hat wieder ein Gesicht

Ich bin 2 Öltanks
Und weiß nicht, wohin mit mir
Ein strukturschwaches Gebiet liegt in mir
Und vor meiner Tür

Ich bin 2 Öltanks
Die träumen davon, eins zu sein
Ich bin 2 Öltanks und doch immer allein

Nimm mich mit auf die Reise
Nimm mich mit
Nimm mich bitte mit

BRAUNER

Brauner, Brauner, geh deinen Weg
Brauner, geh ihn ohne Kompass und Steg
Brauner, Brauner, Superhund
Film- und Fernsehstar
Heute bist du nur noch ein Cowboy
Für einen Tag

Brauner müde, Brauner hungrig, Brauner allein
So muss das Leben eines Westernhunds sein
Brauner trottet durch die Straßen, Brauner setzt sich hin
Brauner, das mit dem Holzpferd hat doch keinen Sinn

Brauner, Brauner, look what you are
You were a superdog, a movie star
Brauner, you don't have to be afraid
Of what you are, a western dog
For just one day

DJ HOLZBANK

Wir saßen bei DJ Holzbank
Und ich fragte dich
Was du glaubst, ob der Mond
Eher rechts oder eher links ist

Und du antwortetest so clever und subtil
Und mir fiel auf, mir fiel auf, dass mir so viel missfiel
Dass dich meine Kategorien nicht interessieren
Dass du sagst, es sei out
Klassenunterschiede zu thematisieren

DJ Holzbank, DJ Barstool
Der Mond, du und ich
DJ Holzbank, DJ Baumstumpf
Der Mond, du und ich

Das Gespräch verlief im Weiteren
Nicht gut, nicht wahr, nicht schön
Und zum Glück hat uns dabei
Keiner zugesehen

Nur DJ Holzbank saß dabei
Doch ich glaube, der hält dicht
Und den Mond, den alten Linken
Interessiert das Thema nicht

DJ Holzbank, DJ Barstool
Der Mond, du und ich
DJ Holzbank, DJ Baumstumpf
Der Mond, du und ich

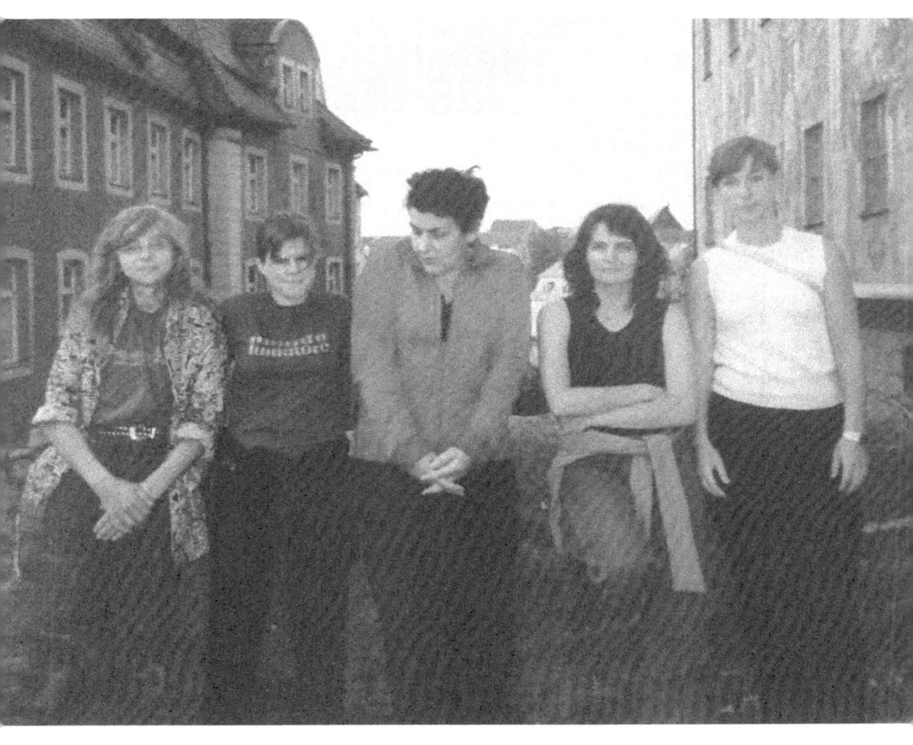

DIE TRAURIGSTEN MENSCHEN (VON GANZ BERLIN)

Die lange Nacht geht auch zu Ende
Und die Leute sind schon weg
Und wir stehn in einer Reihe
Ganz versunken vor dem Dreck
All die vollen Aschenbecher
Und die ungelesenen Flyer
Und die umgeflogenen Flaschen
Und wir suchen unsere Taschen

Und wir gehen raus
Und wir stehen im Licht
Ein hohler Bahnhof
Ein leerer Parkplatz
Und auf der Straße der Pariser Commune
Denk ich ganz kurz, dass ich jetzt glücklich bin
Und du sagst:

Wir sind die traurigsten Menschen von ganz Berlin
Wir sind die traurigsten Menschen von ganz Berlin

Und es geht ja doch noch weiter
Weil wir auch weitergehen
Ein Gefühl von Sommer
Was schon wehtut, wenn man an der Ampel steht
Und die Lasterfahrer
Schauen durchs offene Fenster raus
Neidisch, denn sie denken
Wir sind die Superclique und fein raus

Und wir gehen rein
Und wir stehen im Licht
Im Szene-Imbiss International
Rauchen, rumstehen, essen – macht auf einmal Sinn
Und ich denke ganz kurz, dass ich jetzt glücklich bin
Und du sagst:

Wir sind die traurigsten Menschen von ganz Berlin
Wir sind die traurigsten Menschen von ganz Berlin

DAS PLATTE TIER

Ein plattes Tier am Straßenrand
Ein alter Stempel auf der Hand
Ein leichter Schwindel im Gesicht
Und fahle Haut im Tageslicht

Draußen fährt ein falscher Morgen
An uns vorbei, und ich weiß
Es ist gar nicht wichtig
Um uns herum ist alles grauenhaft
Aber wir sind unberührbar, toll und süchtig

Merkst du noch was, bist du noch da?
Oder schläfst du schon? Sag einfach Ja
Mein Herz schlägt jetzt schon stundenlang
So laut, dass du's fast hören kannst

Draußen vor dem Vorhang
Wird's schon wieder dunkel, und ich weiß
Es ist gar nicht wichtig
Hingestreckt von einer schönen Krankheit
Heißt es jetzt noch ruh'n
Bis die Restvergiftung sich verflüchtigt

Und die Musik ist sanft und heiter
Sie sagt: Be cool, steh auf, mach weiter
Von nirgendwoher droht Gefahr
Es ist nur ein Tag im Januar

ROCK ME IN CRAZY BERLIN

Ein Tisch, ein Stuhl – daheim
So wie heut soll's immer sein
Der Wind pfeift durchs Katzennetz und hat ein Lied erzählt
Ein Lied, ein Traum, ich glaub's ja kaum
In einer anderen Wohnung, in einer anderen Stadt
Wäre man bestimmt ganz anders als hier jetzt so
Es ist so bequem, so bohemy in crazy Berlin

Seit ich im Netz bin, hab ich mich verändert
Seit ich Samurai bin, lebe ich nicht schlecht
In einer Stadt, von der ich weiß, dass sie mich lieb hat
Mein Netz, mein Weg, mein Recht
Can someone take me in his arms and rock me?
Es muss ja nicht gleich sein, später irgendwann
Ich warte nicht mehr lang
So hat's keinen Sinn
Come on and rock me in crazy Berlin
In einer anderen Wohnung, in einer anderen Stadt
Wäre man bestimmt ganz anders
Als hier jetzt so
Es ist so bequem, so bohemy in crazy Berlin

MONDGESICHT

In dein liebes Mondgesicht
Könnt ich ganz versinken
Wir wollen eng beieinandersitzen
Wir wollen tapfer trinken
Es gibt nicht viel zu reden
Und wir bleiben bei zwei Themen
Doch wer weiß, vielleicht wird sich im Lauf der Zeit
Noch ein drittes ergeben

Und ganz egal, was keiner sagt
Niemand hat's gesehen
In einem Jahr ist es vorbei
Und von allem, was geschieht
Bleibt nie was übrig
Nur ein Lied

In deine leeren Hundeaugen
Will ich meine senken
Wir wollen einer Meinung sein
Und hintenrum anders denken
Du bist mir gut, bin ich dir gut
Wie ein Dachvorsprung dem Regen
Doch die Nacht und der Schnaps und die Musik
Vielleicht ist das schon das Leben?

Und ganz egal, was niemand sagt
Keiner hat's gesehen
In einem Jahr ist es vorbei
Und von allem, was geschieht
Bleibt nie was übrig
Nur ein Lied

PROBLEME, DIE ANDERE GERN HÄTTEN

Meine Wohnung ist zu groß
Vier Zimmer für mich allein
Und ich bin so begabt
Mir fällt ständig irgendwas ein
Immer rufen alle an
Denn ich bin so beliebt
Dass ich es kaum ertragen kann

Ich hab Probleme, die andere gern hätten

DAS ALTE LIED

Ach, mein Herz
Was schlägst du so?
Hast du noch nicht genug?
Es ist doch nur das alte Lied
Von Liebe und Entzug

Altes Herz wird wieder jung
Und sollte weiser sein
Weißt du denn nicht
Wer weise ist, der bleibt allein

Wie viel Mal hast du dir schon
Selber wehgetan?
Und hinterher kommt keiner
Und klopft um Verzeihung an

Sei einmal stolz, und stell dich tot
Ich deck dich auch schön zu
Lass diesen Kelch vorübergehn
Dann hat die liebe Seele Ruh

Sei einmal klug, und stell dich tot
Ich deck dich auch gut zu
Lass diesen Kelch vorübergehn

HO CHI MINH

When I was a litte girl
I watched TV
The news were getting different
It seemed to me
On the screen so many people in the streets
They were so excited
They were screamin' to me
They were screamin' to me

So every evening when my parents
Came inside to eat
I left the kitchen table cause I had a secret
I went outside
I took my bike in the evening dew
Sincere and ceremonious
Because I had something to do
I had something to do

Four trees stood at the end of the aspargus field
The sun was going down
So red and complete
I had to wait until it hung exactly in between
Then I took a breath and shouted

Ho Ho Ho Chi Minh
Ho Ho Ho Chi Minh

Ho Ho Ho Chi Minh
Ho Ho Ho Chi Minh
Ho Ho Ho Chi Minh

FRAGEN

Was isst du gerne, und wo kommst du her?
Wie viel Geschwister, ist da noch mehr?
Deine letzte Freundin
Echt? Bei mir genauso
Macht mir überhaupt nix
Ich bin sogar froh

Kindheit und Jugend, erste Irritationen
Krankheiten, Allergien, Operationen
Studium und Arbeit, Autos, die man hatte
Das erste Mal – die erste Platte

So viele Fragen müssen wir uns stellen
Denn nur durch Fragen lernen wir uns kennen
Wenn alles gefragt ist, alles gesagt ist, ist alles getan
Dann machen wir Schluss
Und beim Nächsten fängt's wieder von vorne an

Abtreibungen, Kinder, Auslandsaufenthalte
Wie willst du dein Leben gestalten?
Schicksalshafte Begegnungen, Bundesjugendspiele
Kindheitstrauma, Probleme viele

Bist du eher Einzelgänger oder beliebt bei allen?
Wann bin ich dir das erste Mal aufgefallen?
Verpasste Gelegenheiten, verborgene Talente
Große Augenblicke, ganz, ganz wichtige Momente

So viele Fragen müssen wir uns stellen
Denn nur durch Fragen lernen wir uns kennen
Wenn alles gefragt ist, alles gesagt ist, ist alles getan
Dann machen wir Schluss
Und beim Nächsten
Fängt's wieder von vorne an

LICHTJAHRE VORAUS

Es wird in hundert Jahren wieder so ein Frühling sein
Aber höchstwahrscheinlich sind wir dann nicht mehr dabei
Was Parole Trixi sagen, ist ja leider wahr
Wir haben nur ein Leben und nicht gleich ein paar
Wir müssen uns am eignen Schopf
Immer aus dem Sumpf rausziehen
Wir dürfen nicht ins Jammertal der Häuslichkeit entfliehen

Noch nie wurde die Natur der Frau so respektiert wie heute
Ja, wenn ich mich so umschau, nur voll die coolen Bräute
Und Frauen, die nichts fordern
Werden stets beim Wort genommen
Sie bekommen nichts – okay, wir haben's vernommen
Ich kenn das Feeling, und ich kenne auch den Sound
To be a woman and to be turned down

Wir sind nicht bei Rock am Ring
Und wir sind nicht bei Rock am See
Wir wollen da gar nicht hin, und es tut auch nicht mehr weh
Und wenn ich mich so umschau
Sowieso nur Bands mit Jungs
Und die wollen ja keine Veränderung

Doch wenn der Raps dann an der Autobahn
So unnatürlich blüht
Sind wir doch wieder unterwegs
Jahr für Jahr und Lied um Lied
Wir sind Britta, und wir hörn nicht damit auf
Und wenn die ganze Welt sich für kleines Geld verkauft
Wir sind weit vorn, und sieht's auch nicht so aus
Wir sind um Lichtjahre voraus

CHINESISCHES ROULETTE

Als Hund war ich für dich ein Bernhardiner
Und als Getränk ein Sekt auf Eis
Als Farbe eine Mischung
Von der keiner mehr den Grundton weiß

Ein Lachsgericht von Aldi war ich
Mit erlesenen Kräutern dran
Ein alter Saab, von dem man die
Ersatzteile ganz schwer kriegen kann

Ein Witz war ich nur als Erzählform
Und als Gebäude Panic Room
Und als ich nicht mehr mitspielen wollte
Lachtest du so fies und dumm

Dabei fand ich dich immer so nett
Wir waren fast schon gute Freunde
Ich spiel nie mehr chinesisches Roulette

HAPPY SONG

Just the other day
My grievance passed away
Something went wrong
For the worker in song

Sad sad songs I wrote
64 or more
I threw them all away
And in the waste they stay

This is a happy song
For all the people I don't even know
And it reminds me of you
Just another happy song
So uplifting, come sing along!
La la la la la uhu

Die alten bösen Lieder
Ich sing sie nie mehr wieder
Ich werf sie alle weg
Es hat doch keinen Zweck

Immer nur Traurigkeit und Schmerz
Von April bis März
Die Welt ist doch schön
Komm, wir lassen uns gehen

Das ist so ein Happy Song
Für alle Leute, die ihn hören wollen
Und er erinnert mich an dich

Einfach so ein Happy Song
So uplifting come sing along!
La la la la uu uuh

This is just a happy song
For all the people I don't even know
And it reminds me of you
Just another happy song
So uplifting, come sing along!
La la la la la uu uuh

L****

Es kam zwar schnell
Doch es war schnell wieder weg
Nur dass es weg war
Hat man zu spät entdeckt
War es etwas Echtes?
Oder eine Projektion?
Oder war die Zeit grad günstig
Für eine neue Attraktion

Es ist nicht unsere Schuld
Es konnte ja nicht gehen
Es ist ein durch und durch fehlerhaftes System
Wir taten, was wir konnten
Und es konnte doch nicht sein
Es fängt mit L an, und wir fielen darauf rein

Am Anfang war es super
Von nun an ging's bergab
Man zeigt sich da von Seiten
Die man gar nicht hat
Zum Glück sind wir schon weiter
Und nicht mehr wirklich jung
Denn sonst bei diesem Kummer
Man brächte sich glatt um

Es ist nicht unsere Schuld
Es konnte ja nicht gehen
Es ist ein durch und durch fehlerhaftes System
Wir taten, was wir konnten
Es konnte doch nicht sein
Es heißt Liebe, und wir fielen darauf rein

Liebe schlägt Wellen
Und bleibt doch leer und hohl
Ein Konstrukt, meinetwegen ein Symbol
Wer dran glauben will, der glaubt daran
Mit eurer Liebe bin ich fertig
Mich kriegt ihr nicht mehr dran

ES IST NICHT IMMER LEICHT

Wenn ich morgens aufwach
Wird's schon wieder dunkel
Und die Kräne sind geziert
Und sie sagen, dass es heute Nacht
Höchstwahrscheinlich noch gefriert
Ich bin hier und lese, was auf den Tapeten steht
Frag mich, was ich trinken soll
Und ob heute noch was geht

Draußen sitzen wieder die Idioten im kalten Sonnenlicht
In Wintermänteln vor den Kaffeetassen
Und tun so, als frierten sie nicht
In den Pizzerien immer noch die Pärchen
Hocken da so stumm
Schneiden mit den Messern
Ihre Muster auf der Tischdecke herum

O my, o my, das Jahr ist fast vorbei
Es ist nicht leicht, 's ist nicht immer leicht

Und wenn der feige Nieselregen auf uns fällt
Und der gemeine Ostwind weht
Wenn die alten kalten Nebel zu uns ziehen
Weiß ich, was ich an dir hab, Berlin

RUF MICH NIE MEHR AN

Jedem Anfang liegt ein Zauber inne
Jedes Ende ist für irgendwas gut
Alles, alles geht vorüber
Und ist schon bald ein alter Hut
Manchmal ist alles wie verschoben
Und dann ist dein Kopf so leer und schwer
Doch wenn du denkst, es geht nicht mehr
Kommt von irgendwo ein Lichtlein her

Ruf mich nie mehr an

Eine neue Liebe ist wie ein neues Leben
Na na na na na na na na na
Eine Rückkehr der Versorgungsehe wäre so wunderbar
Ein Vertrag ohne Hintertürchen
Am liebsten ohne Sex und Geld
Einfach so zusammenhalten
Und jeder tut, was ihm gefällt

Ruf mich nie mehr an

Jeder ist in seiner eigenen Welt
Aber meine ist die richtige
Alle haben was zu sagen
Nicht immer was Wichtiges
Jede Reise beginnt mit dem ersten Schritt
Und auf die nächste nehm ich dich nicht mehr mit
Und was du jetzt noch sagen kannst
Geht mich ab heute nichts mehr an

Ruf mich nie mehr an

WIE EIN SMITHS-SONG

Seit wir uns näher kennen
Ist alles so viel besser
Der November war ein Witz
Wenn wir zusammen sind
Ist es immer super
Und wenn ich lache, lachst du mit

Manchmal ist es so wie ein Smiths-Song
Manchmal wie Lou Reed, Perfect Day
Manchmal ein Musical und manchmal auch gar nichts
Aber was auch ist, es ist immer okay

Wir schreiben Mitteilungen
Wir gehen was trinken
Und vorher rufen wir uns an
Und wenn einer dann still und seltsam wird
Weiß der andere, dass man nicht machen kann

Denn manchmal sind wir wie ein Smiths-Song
Manchmal wie Lou Reed, Perfect Day
Manchmal ein Musical und manchmal auch gar nichts
Aber was auch ist, es ist okay

Und manchmal sind wir Geschichten aus dem Wienerwald
Manchmal ein bisschen La Bohème
Manchmal ein Singspiel, manchmal auch gar nichts
Und es soll immer so weitergehen

24 STUNDEN SIND KEIN TAG

Ist das ein Leben oder ist es ein Exposé?
Und wenn alles bezahlt wird, tut's dann weniger weh?
Und was soll das heißen, wenn jetzt einer sagt:
24 Stunden sind kein Tag

Sind wir zusammen, oder ist es ein Projekt?
Eins, in dem viel mehr Mühe als Vergnügen steckt?
Und ich will das nicht hören, wenn jetzt einer sagt:
24 Stunden sind kein Tag

24 Stunden sind kein Tag
24 Stunden sind kein Tag
24 Stunden sind kein, 24 Stunden sind kein
24 Stunden sind kein Tag

DEPRESSIVER TAG

Ich will mit keinem reden, und ich will nicht ins Café
Alles, was draußen liegt, tut weh
In meinen drei, vier Wänden steh ich still und stumm
Und draußen lungerst du herum

Immer wieder, immer wieder
Muss ich zum Fenster gehen
Immer wieder sinnlos
Runter auf die Straße sehen

Depressiver Tag, ich sag Hallo!
Zeig mir dein schäbiges Gesicht
Depressiver Tag, du machst mich froh
Komm und enttäusche mich nicht

Ein Tisch, ein Stuhl, ein Bett, ein Schrank und ein Regal
Und alle sind mir so egal
Ein Stück Himmel, ein Kamin und auch ein Dach
Draußen ist die Welt so flach

Immer wieder, immer wieder muss ich zum Fenster gehen
Immer wieder sinnlos
Runter auf die Straße sehen

Depressiver Tag, ich sag Hallo
Zeig mir dein schäbiges Gesicht
Depressiver Tag, du machst mich froh
Komm und enttäusche mich nicht

Depressiver Tag – how do you do?
Und stell dich bitte nicht so an
Depressiver Tag, denn auch du
Bist nur 24 Stunden lang

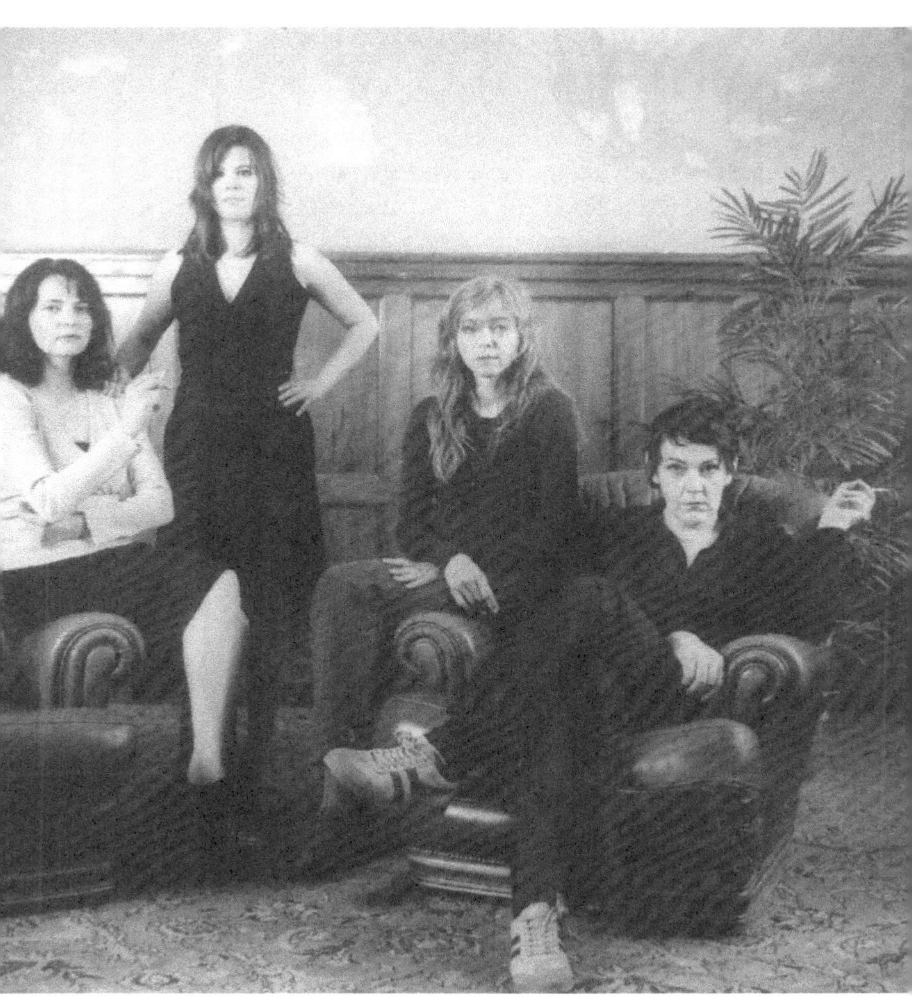

WER WIRD MILLIONÄR

Wer geht putzen und wer wird Millionär?
Vierzig-Euro-Frage, denn die Antwort fällt nicht schwer
Wer lebt prima und wer eher prekär?
Wer geht putzen und wer wird Millionär?

Wer schon hat, dem wird gegeben
Und für uns bleibt nur das schöne Leben
Ja, so läuft's, und so wird's weiterlaufen
Denn der Teufel scheißt auf den größten Haufen

Besser wohnen, auch mal reisen
Champagner, Tanz und Kokain
Das wär ein schönes Leben
Das kriegen nur die anderen hin
Für uns heißt es weiter
Rechnen, krebsen, wurschteln, durchschlagen
Nur ganz selten kommt's da mal zu Champagner, Kokain

Ich zähle täglich meine Sorgen
Und dabei denk ich noch nicht einmal an morgen
Ich hab gar keine Angst
Nur manchmal frag ich mich:
Ich das noch Boheme oder schon die Unterschicht?

Und all unsere Geistesgaben
Kommen gar nicht mehr zum Tragen
Weil wir schon seit jungen Tagen
So gar keinen Ehrgeiz haben
Unsere Haut zu Markt zu tragen
Da kommen die Geistesgaben
Leider gar nicht mehr zum Tragen

Die reichen Leute
Die gewinnen immer nur durch platte Schmeichelei
Das Geld ist platt, mein liebes Kind
Das Geld ist platt und will auch platt geschmeichelt sein

Und wer schon hat, dem wird gegeben
Und für uns bleibt nur das schöne Leben
Ja, so läuft's
Und so wird's weiterlaufen
Denn der Teufel scheißt auf den größten Haufen

Das Geld ist platt und will auch platt geschmeichelt sein

DU SPRICHST IN RÄTSELN

Du sprichst in Rätseln von Schatten und Licht
Wie es bricht im Dickicht
Die geheimnisvolle Fracht
Einer sternendunklen Nacht
Was sie mit dir macht, was sie mit dir macht

Du sprichst in Rätseln
Vom Wünschen und Wollen
Nicht können und sollen
Und die schwarzen Reiter, deine ewigen Begleiter
Die müssen immer weiter, immer weiter

Du sprichst in Rätseln

Du sprichst in Rätseln
In Bildern und Zeichen
Die sich stets gleichen
Deine Poesie ist so schwarz wie nie
Ist so schwarz wie nie

Du sprichst in Rätseln

Alles spricht in Rätseln
Gibt es sonst nichts zu sagen?
In unseren dunklen Tagen
Mal im Klartext zu fragen
Was so ist und was so geht
Das Leben ist konkret

Du sprichst in Rätseln

MENSCHENFEIND

Früher hatte ich viele Freunde, Freunde und Bekannte
Einmal jährlich traf ich neue Seelenverwandte
Die Zeiten sind vorbei, und ich bin auch froh
Menschen gehen mir auf die Nerven
Meine Freunde sowieso

Entschuldigung! Entschuldigung!
Ich hab's nicht so gemeint
Es ist nur so: Ich bin seit heute
Menschenfeind

Ich mag die Pflanze, mag die Blume, und ich mag den Stein
Die Natur im Speziellen und auch allgemein
Wälder und Seen, die Tierwelt scheu und bunt
Und lieber als ein neuer Freund
Wär mir dann doch ein Hund

Entschuldigung! Entschuldigung!
Ich hab's nicht so gemeint
Es ist nur so: Ich bin seit heute
Menschenfeind

Alte Zausel, Indieboys, Neocons, Mutanten
Junge Spießer, Prada-Frauen und ihre Anverwandten
Höhere Töchter, bessere Söhne und eure ganze Schicht
Ihr denkt, ich kann euch leiden
Aber ich verzeih euch nicht

Entschuldigung! Entschuldigung!
Ich hab's nicht so gemeint
Es ist nur so: Ich bin seit heute
Menschenfeind

SELTSAM, SELTSAM

Früher hatte ich Angst vor so vielen Dingen
Vor so vielen Dingen, die mich runterbringen, oje

Vor den Sachen, die mich traurig machen
Vor den Leuten, die mir nichts bedeuten
Und vor viel, viel, viel mehr

Seltsam, seltsam
Es ist gar nicht so schlimm
Und es geht auch schnell vorbei
Seltsam, seltsam
Wie wenig unglücklich ich bin
Es liegt wohl an der Sommerzeit

Einsamkeiten, alte Frauenleiden – oh, oh, oh
Knochenbrüche, Intensivgerüche – no, no, no
Kurze Schläge, Exklusivverträge
Das steckt man weg, das ist egal
Fehlfunktionen, kleine Depressionen
Das ist alles drin, ist alles normal

Seltsam, seltsam
Es ist gar nicht so schlimm
Und es geht auch schnell vorbei

Seltsam, seltsam
Die Zeit weht wie der Wind
Und der Wind weiß schwer Bescheid

DIESES MAL

Diesmal wirst du alles richtig machen
Dieses Mal wird alles gut
Diesmal wird es keine Fehler geben
Fehler gab's ja schon genug
Und all die Zeit, die du mit anderen verloren hast
Holst du jetzt wieder ein

Denn du glaubst jetzt an die Liebe
Doch sie glaubt nicht mehr an dich
Sie schaut nur zu, die alte blöde Kuh
Und sie sagt, sie kennt dich nicht

Und du siehst sie nicht, die ersten Zeichen
Denn du willst sie auch nicht seh'n
Was so groß und so wunderbar war
Das kann nicht so zu Ende gehen
Und all die Zeit, die du mit anderen verschwendet hast
Holst du jetzt wieder ein

Denn du glaubst jetzt an die Liebe
Doch sie glaubt nicht mehr an dich
Da geht sie hin, die eitle Poserin
Und sie lacht dir ins Gesicht

Now you may say you believe in love now
But love won't believe in you
There love goes, an unfriendly ghost
Love is laughing at you

Diesmal wirst du alles richtig machen
Dieses Mal

BÜRO BÜRO

Ich hab' Zeit
Ich bin immer frei
Ich geh' durch Parks und in Cafés
Manchmal sind die Stunden lang
Doch das ist schon okay

Andre spiel'n Büro-Büro
Projekt-Projekte sowieso
Decken sich mit Arbeit ein, die's gar nicht gibt
Parole Potemkin, Baby

Ich denk nach
Ich liege gern
Das tut mir nicht weh
Ich bin ich
Ich bin keine AG
Ich bin Privatier

Und andre spiel'n Büro-Büro
Projekt-Projekte sowieso
Und sie rennen rum
Und raus kommt doch nur
Smoke on the Water, Baby

Smoke on the Water, Baby

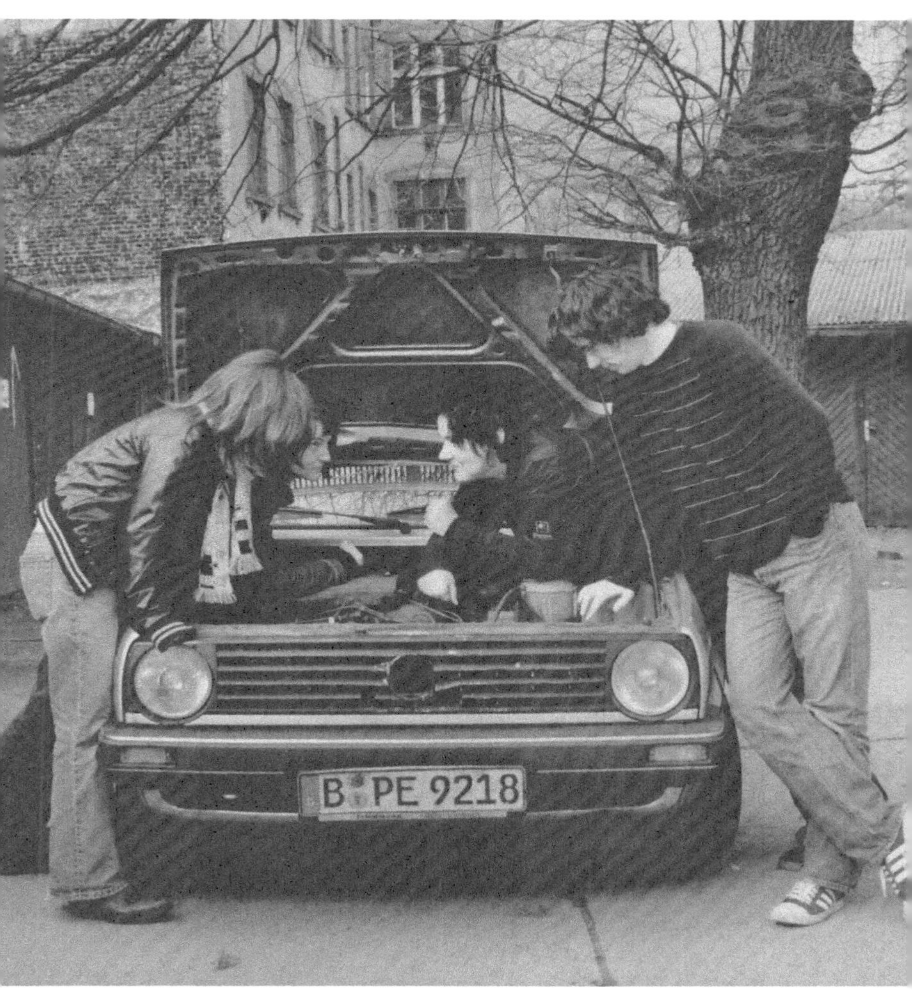
B PE 9218

HEIMI HEIMATO

Es war schön, der Abend war ein Glanz
Wir haben getrunken, gelacht und auch getanzt
Jetzt fällt alles schwer
Jetzt fehlt mir auch der Mut
Und weißt du, irgendwann mal ist doch dann auch gut

Heim Heimi Heimato will ich gehen
Nach Kissingen und Bettingen
Nichts hören, nichts mehr sehen
Ich will fort, ich will geh'n, will nur noch heim
Nur noch liegen, nur noch atmen, nur noch sein

Kann nimmer, kann nimmer, kann nimmer, kann nimmer

Jetzt stehst du neben mir und redest auf mich ein
Und dabei wollt ich doch schon längst zu Hause sein
Nur rein mechanisch noch lächle ich dir zu
Und denke: Bitte geh doch weg, lass mich in Ruh

Heim Heimi Heimato will ich geh'n
Nach Kissingen und Bettingen
Nichts hören, nichts mehr seh'n
Ich will fort, ich will geh'n, ich will jetzt heim
Nichts mehr reden, nichts mehr trinken, nur noch sein

Kann nimmer, kann nimmer, kann nimmer, kann nimmer

SOLO

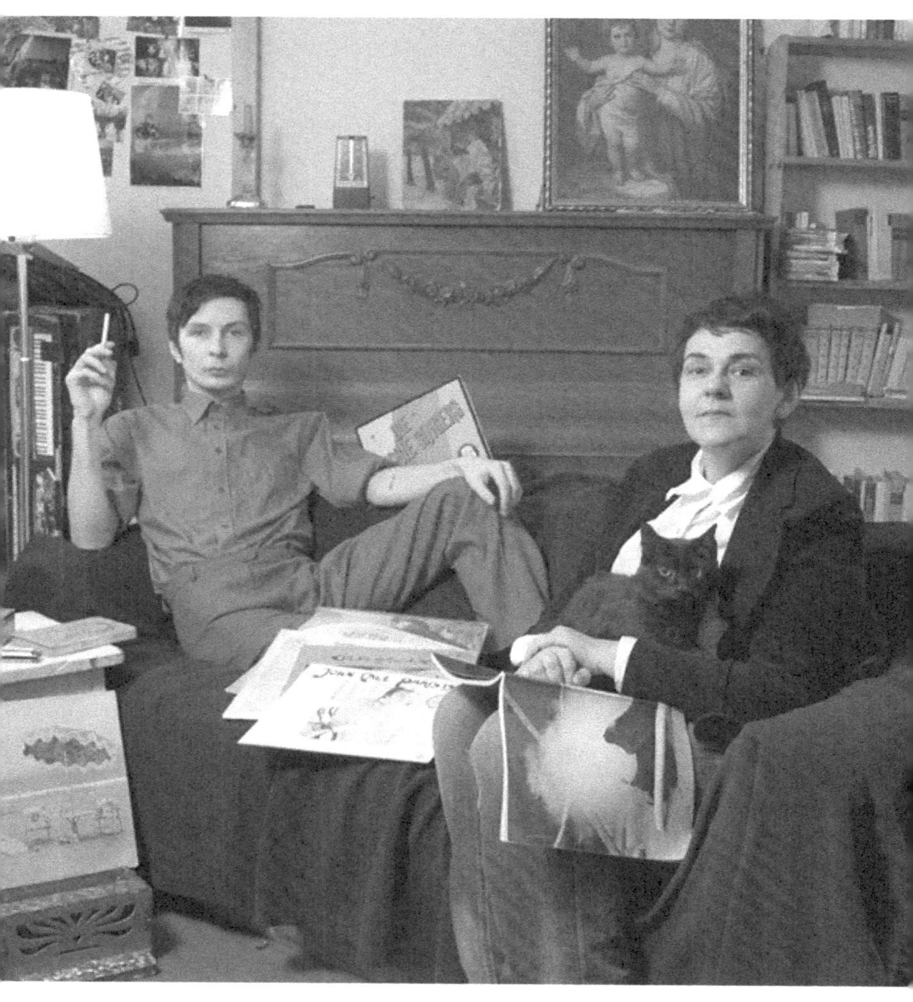

Nach so vielen Jahren in Bands war dann eine Soloplatte fällig und ein logischer Schritt.

Auf einer Britta-Tour 2006 hatte sich die Band Ja, Panik als unsere Vorgruppe gebucht – was uns zuerst überhaupt nicht gefiel, denn wir wollten gefälligst gefragt oder zumindest darüber informiert werden, wer vor uns spielen würde, und wir hatten keine Lust, die ganze Tour mit irgendwelchen jungen Indie-Deppen auf der Bühne zu stehen und backstage abzuhängen.

»Wenigstens sind es Österreicher«, berichtete ich nach einer kurz Hassrecherche den anderen. Aber schon am ersten gemeinsamen Abend in Bremen freundeten wir uns sehr mit der Vorband an.

Nach der Tour kamen sie mich oft in Berlin besuchen und siedelten dann auch über, wie man im Österreichischen sagt.

Als mein erstes Buch »Das schöne Leben« erschien, begleitete mich Andreas Spechtl, der Sönger von Ja, Panik auf der Lesetour und spielte Gitarre, und so entstand auf dieser Lesetour zu meinem ersten Buch »Das schöne Leben« 2008 die Idee zur Soloplatte.

ICH MUSS IMMER AN DICH DENKEN

Ich muss immer an dich denken
Und ich weiß gar nicht, warum
Ich denk vorwärts in die Zukunft
Rückwärts zur Erinnerung

Ich muss immer an dich denken
Und das macht mich ganz verrückt
Ich denk im Kreis und um die Ecke
Denk dich in Scheiben und am Stück

Ich muss immer an dich denken
Mal mehr vage, mal konkret
Dabei weiß ich ganz genau
Dass es dir gar nicht so geht

Denn du selber denkst ja höchstens
Nur ab und zu auch mal an mich
Doch die Gedanken, sie sind störrisch
Und das interessiert sie nicht

Ich denke, denke, denk an dich
Jetzt schon ein ganzes Jahr
Winter, Frühling, Sommer, Herbst
Und schon wieder Februar
Ich denke, also bin ich
Cogito ergo sum
Ich muss immer an dich denken
Warum? Warum? Warum? Warum?

Ich muss immer an dich denken
Und ich weiß gar nicht, warum
Ich denk vorwärts in die Zukunft
Rückwärts zur Erinnerung

Ich muss immer an dich denken

ES GEHT SICH NICHT AUS

Die Füchse kamen in die Stadt
Die Vögel sangen in der Winternacht
Fremde haben uns Zeichen gemacht
Es hat alles nichts gebracht

Hab in den Himmel geschaut und den Vogelflug studiert
Das Alphabet hab ich neu durchbuchstabiert
Hab abgewartet und Lieder gemacht
Es hat alles nichts gebracht

Es geht sich nicht aus, es wird nicht reichen
Damit kann man keinen Stein erweichen
Damit kann man keinen Sieg erringen
Damit kann man keinen Blumentopf gewinnen

Hab die Zeichen gedeutet und dann doch ignoriert
Trick 17, 18 und auch 19 probiert
Zu Wasser, in der Luft kleine Wunder vollbracht
Es hat alles nichts gebracht

Hab oben auf dem Berg das Orakel befragt
Den Fischen auf dem Meer hab ich mein Leid geklagt
Theoretisch, praktisch und auch magisch gedacht
Es hat alles nichts gebracht

Es geht sich nicht aus, es wird nicht reichen
Damit kann man keinen Stein erweichen
Damit kann man keinen Sieg erringen
Damit kann man keinen Blumentopf gewinnen

Es ist vorbei, und jetzt ist Ruh
Der Stein war stärker, und der Stein bist du

DESILLUSION

Du denkst, das Leben ist ein Fest
Und dir gehört die Welt
Doch mühsam nähren sich Mensch und Tier
Du hast dir's anders vorgestellt
Das Wahre, Gute, Schöne
Ach, es wir ja nicht belohnt
Plattheit siegt, und Stumpf ist Trumpf
Das ist man schon gewohnt

Du hast dir deinen Reim und dein Bild gemacht
Dann kommt die Wirklichkeit und sagt: falsch gedacht!
Desillusion, Desillusion, Desillusion

Der andere war kein feiner Mensch
Das wird dir langsam klar
Und dass die interessante Störung
Dann doch nur Feigheit war
Und immer wieder fragst du:
Womit hab ich das verdient?
Homo homini lupus est
Man hat dir übel mitgespielt

Du hast dir deinen Reim und dein Bild gemacht
Dann kommt die Wirklichkeit und sagt: falsch gedacht!
Desillusion, Desillusion, Desillusion
Desillusion, Desillusion, Desillusion

BERLIN

Wenn die Sonne fehlt, wenn der Regen läuft
Wenn die Unterschicht das Kindergeld versäuft
Wenn die Hunde wachen, ihre Haufen machen
Ja, dann sind wir wieder in Berlin

Wenn die Fahrradfahrer uns vom Bordstein fegen
Die Verrückten in der U-Bahn
Wieder laut mit sich selber reden
Wenn die Stressercliquen dann ihr Zeug verticken
Ja, dann sind wir wieder in Berlin

Wenn die Autofahrer kurz am Amok streifen
Und die Hostelhorden durch die Straßen geifern
Wenn die Gullis stinken und die Pärchen winken
Ja, dann sind wir wieder in Berlin

Wenn die Freiberufler die Cafés besetzen
Und die Laptop-Poser sich aufs Neue vernetzen
Mit den Kreativen und den ganz Naiven
Ja, dann sind wir sicher in Berlin

Wenn die Parkausflügler dann die Schwäne füttern
Und die Allerblödsten es gleich weitertwittern
Wenn wir zum Vorglühen durch die Spätis ziehen
Ja, dann sind wir alle in Berlin

Wenn die Ökoeltern sich zum Brunchen treffen
Und die Arschlochkinder durch die Cafés kläffen
Wenn der Service hinkt und 's nach Babykotze stinkt
Ja, dann sind wir wieder in Berlin

Wenn die Techno-Leichen zur Afterhour schleichen
Und nur die Halbverstrahlten Contenance behalten
Wenn die Druffis taumeln und die Durchis jaulen
Ja, dann sind wa wieder in Berlin

Lalalalala
Lalalalala
Lalalalalalalala
Lalalalala
Lalalalala
Ja, dann sind wa wieder in Berlin

VERLOREN

So verbogen und verzogen, so verlogen und verschroben
So verschoben, so verhaltensgestört
So verquer und verquollen
So verzerrt und verschwollen
So verkommen, so verschwommen, so verkehrt

So verbiestert und verbissen, so verbittert und verknittert
So verwittert und verzittert und verbohrt
So verdeppt und verschreckt, so verschleppt und verzeckt
So verschworen, so vergoren, so verloren

So verdorben und verhindert, so verhetzt verwildert
So verwaltet und veraltet und verplant
So verdrückt und verrückt, so verwirrt und verworren
So verjährt und vergärt und verarmt

So verwüstet und verdüstert, so verhundet und verwundet
So verglommen, so verronnen, so verschuppt
So verschlissen und verrissen, so verbissen und verschissen
So verkniffen und verhindert und verdruckst

So verstört und versteinert, so verklemmt, verallgemeinert
So verspannt und verwüstet und verkopft
So vernietet und vernagelt, so verregnet und verhagelt
So verbrochen und verkrochen und verstopft

So verroht und verrottet, so verranzt und verspottet
So verholzt und verbolzt und verbohrt
So verblüht und verglüht, so verhunzt und verschrunzt
So verschleimt und verkeimt und versport

So verknarzt und verharzt, so verlodert und vermodert
So vergiftet und vernichtet und vergilbt
So verlassen und verdauert, so vermauert und versauert
So verzottelt und vertrottelt und vermilbt

So verkorkst und verletzt, so vermiest und verschreckt
So verhätschelt und vertätschelt und verprahlt
So vergeizt und verheizt, so verblendet und verwendet
So verstaubt und versaut und verstrahlt

SINNLOS

Bist du einmal traurig und allein
Gewöhn dich dran
Es wird bald immer so sein

Und triffst du einen Mensch, der dich versteht, der dir gefällt
Dann wart's bloß ab
Wie lang er wirklich zu dir hält

Und bist du mal verzagt und findest keine Ruh
Dann kommt bestimmt
Ein Unglück noch mit dazu

Es ist ja alles so sinnlos
Das hält ja gar kein Mensch mehr aus
Da muss man sich doch einfach hinlegen
Oder man steht erst gar nicht auf

Und wenn in tiefster Nacht ein böser Traum dich plagt
So kommt doch ganz bestimmt
Bald ein neuer trüber Tag

Und fühlst du den Moment lang so was wie Glück
Auch das geht schnell vorbei
Und es kommt auch nicht zurück

Die Welt ist halt ein arges Jammertal
Und alles, was du tust
Ist letztendlich ganz egal

Es ist ja alles so sinnlos
Das hält ja gar kein Mensch mehr aus
Da muss man sich doch einfach hinlegen
Oder man steht erst gar nicht auf

Alles ist vergebens, es macht alles keinen Sinn
Da kann man gar nicht mehr auf sein
Da legt man sich gleich lieber hin
Sinnlos, sinnlos, so sinnlos
Sinnlos, sinnlos, sinnlos
Ohne Sinn

HAUPTSACHE RAUS!

Die Tage sind zäh, und es ist immer noch schlimm
Ich war beim Dr. med., ich war beim Dr. phil.
Ich steh immer wieder auf, ich leg mich immer wieder hin
Die Tage sind zäh, und es ist immer noch schlimm

Ich geh zur Ausgehgruppe und ins Spreewaldbad
Ich geh vor die Tür, ich geh durch den Park
Ich war beim Wrestler und beim Knochenmann
Ich war mit Benno Führmann in Afghanistan
Ich war mit Mausi Lugner auf dem Opernball
Ich geh überall hin, ich schau mir alles an

Aber fragt mich einer: Wie ist dir's zumute?
Grad so als ob das Herz recht angenehm verblutet!
Doch ich tu, was ich kann, und ich lass mich nicht geh'n
Mich wird keiner am Boden seh'n
Ich wart, bis sich das nächste Unglück anbandelt
Sich das symbolische Kapital in echtes verwandelt

Das Pech in der Liebe, es klebt an mir wie Dreck
Und deine Freundschaft war ein schwaches Projekt
Ich red nicht mehr drüber, ich halt mich bedeckt
Dein Freundschaftsprojekt war ein böser Dreck

Ich geh zur Schnitzelgruppe und ins Prinzenbad
Ich fahr mit dem Auto, ich fahr mit dem Rad
Ich war beim Wrestler und beim Knochenmann
Ich war mit Benno Führmann in Afghanistan
Ich war mit Mausi Lugner auf dem Opernball
Ich geh überall hin, ich schau mir alles an

Aber fragt mich einer: Hey, wie ist dir's zumute?
Ach grad so, als ob das Herz recht angenehm verblutet

Doch ich tu, was ich kann, und ich lass mich nicht geh'n
Mich wird keiner am Boden seh'n
Ich wart, bis sich das nächste Unglück anbandelt
Sich das symbolische Kapital in echtes verwandelt
Ich wart, bis das Elend hinter mir liegt
Und die Gerechtigkeit auch mal wieder siegt

THESE DAYS

Ich war draußen im Regen
Ich will gar nicht so viel reden zurzeit – nein, nein
Will über weite Felder gehen
Mit Hund und Katz und viel Fernsehen und ruhen
Und überlegen, was es war, was ich vergessen hab zu tun

Mir ist gar nicht so nach Rumziehen
Nicht mal mehr umziehen will ich mich zurzeit – nein, nein
Zurzeit liegt innen alles brach
Ich lieg nur rum und denk: Was ist geschehen?
Und ich frag mich, werd' ich jemals wieder Land sehen?

Und mein Begleiter
So was riskier ich kein zweites Mal mehr – nie mehr
Zurzeit heißt es alleine sein
Nach vorne schauen, auf sich vertrauen, nur Mut!
Es tut erstaunlich weh, doch auch das
Das kenn ich schon ganz gut

Ich muss gar nicht mehr so heulen
Und auch zum Träumen fällt mir nichts mehr ein –
nein, nein
Und wenn du sagst, das klingt verzagt
Und gar nicht mehr nach der, die ich sonst bin
Es ist doch nur, weil meine Lieder immer schon klüger
als ich sind

ES IST SO ARG

Bin ich nur müde, oder ist das schon
Die erste zarte Novemberdepression?
Ist es schon chronisch oder nur ein Symptom?
Oder hab ich jetzt auch das Borderline-Syndrom?

Die bipolare Störung, sie sagt es laut:
Es liegt am Unterforderungs-Burn-out
So am Ende war ich noch nie
Das ist die melancholische Hypochondrie

Es ist so arg, und es ist so schlimm
Dass ich alldem so ausgeliefert bin
Es ist nicht gut, und es ist nicht schön
Es ist so ganz und gar unangenehm
Es ist so arg, arg, arg

Bin ich zu schwach für diese Welt
Oder ist's der Blutdruck, der mich unten hält?
Die Adoleszenz ist längst vorbei
Dann wird's wohl die Quarterlife-Crisis sein

Die Midlife-Crisis? Die hatte ich doch schon!
Ich warte auf die Altersdepression
Da hilft auch keine Therapie
Das ist die melancholische Hypochondrie

Es ist so arg, und es ist so schlimm
Dass ich alldem so ausgeliefert bin
Es ist nicht gut, und es ist nicht schön
Es ist so ganz und gar unangenehm
Es ist so arg, arg, arg

KLEINES LIED ZUM ABSCHIED

Es war ja noch im tiefsten Winter
Als du dein Gift versprüht
Nun sind wir schon im schönsten Monat Mai
Wo alles grünt und blüht

Du hast alles, alles falsch verstanden
Du hast alles falsch gemacht
Und wäre es nicht so furchtbar traurig
Ich hätt' mich totgelacht

Es ist das alte Spiel
Und eine Frage der Zeit
Auf all den Kummer folgt bald
Hass und Verachtung
Und ein kleines Lied, das bleibt

Wir werden uns wohl nicht mehr sehen
Vielleicht ab und zu im Traum
Dort wird dann alles nachverhandelt
Und wir merken's selber kaum

Du hast alles, alles falsch verstanden
Du hast alles falsch gemacht
Und wäre es nicht so furchtbar traurig
Ich hätt' mich totgelacht

Es ist das alte Spiel
Und eine Frage der Zeit
Auf all den Kummer folgt halt
Hass und Verachtung
Und ein kleines Lied, das bleibt

Es ist das alte Spiel
Und eine Frage der Zeit
Auf all den Kummer folgt bald
Hass und Verachtung
Und ein kleines Lied, das bleibt

KLEINES LIED ZUM ANFANG

Gesanglos war ich und beklommen
So lange Zeit – nun dicht' ich wieder
Wie Tränen, die uns plötzlich kommen
So kommen plötzlich auch die Lieder

Melodisch kann ich wieder klagen
Von großem Lieben, größerem Leiden
Von Herzen, die sich schlecht vertragen
Und dennoch brechen, wenn sie scheiden

Und weil ich melancholisch bin
Nehm ich das alles schwer und
Und weil ich musikalisch bin
gibt das ein paar Lieder her

Sprachlos war ich und beklommen
So lange Zeit – nun sing ich wieder!
Wie alte Freunde wiederkommen
So kommen endlich auch die Lieder

Melodisch kann ich wieder klagen
Von großem Lieben, größerem Leiden
Von Herzen, die sich schlecht vertragen
Und dennoch brechen, wenn sie scheiden ...

Und weil ich melancholisch bin
Nehm ich das alles schwer
Und weil ich musikalisch bin
Gibt das ein paar Lieder her

LOB DER STUMPFEN ARBEIT

Der Fluch unserer Tage
Ist die kreative Plage
Wenn sie dich locken
Bleib daheim und stopf die Socken

Müde all des Geschwätzes – such ich was Handfestes
Statt ne neue Platte – pflanz ich Blumenrabatten

Nach all den Jahren ist es so weit:
Ich sing das Lob der stumpfen Arbeit

Die Freude am Proben
Es war schon immer gelogen
Artikel schreiben
Konnt ich nie leiden
Sich selber promoten
Das gehört verboten
Statt socializen
Mit Freunden trinken und speisen

Nach all den Jahren ist es so weit:
Ich sing das Lob der stumpfen Arbeit

Den Markt bedienen
Ohne was zu verdienen
Sich selbst ausbeuten
Und das auch noch mit Freuden
All das Networking
War nie so mein Ding
Arbeit ist Arbeit
Und danach kommt Freizeit

SCHAL

Geht mal wieder was zu Ende
Dann reicht man sich die Hände
Es ist nicht zum ersten Mal passiert
Und wir sind schließlich zivilisiert
Und noch ein Getränk und noch ein Geschenk
Und am Taxi ein paar leere Worte
Wie jämmerlich du jetzt da vor mir stehst
Aber warst ja schon immer einer von der hölzernen Sorte

Schal, schal, schal
Dabei so egal, egal
Es war so fad, fad, fad
Und um uns zwei ist's noch nicht mal schad'

Ich wünsch dir das Beste auf Erden
Du sollst ohne mich sehr glücklich werden
Sollst dich ständig weiterentwickeln
Die Menschheit mit deiner Kunst entzücken
Du sollst innerlich reifen
Die letzten Dinge begreifen

Aber ab und zu, nur mal ab und zu
Nur so zwischendurch
Da sollst du auch
An deiner eigenen Dummheit verzweifeln

Schal, schal, schal
Dabei so egal, egal
Es war so fad, fad, fad
Und um uns zwei ist's noch nicht mal schad'

Schal, schal, schal
Dabei so egal, egal
Es war so fad, fad, fad
Und um uns zwei ist's noch nicht mal schad'

JOY OF AGEING

In der schönsten Jugendzeit
Warst du voller Traurigkeit
Loneliness ein Leben lang
Da wird's manchem angst und bang

Jahre später wird dir klar
Dass es zwischendurch ganz lustig war
Hast du das erst mal kapiert
Lebst du frei und ungeniert

Gestern noch ein junger Falter
Gehst du gramgebeugt durchs Alter
Das Ende naht later or sooner
Für uns alte Babyboomer

Die Typen sagen: Wir stehen super da!
Die Frauen sagen: Wir sind unsichtbar!
Bei den nicht mehr Jungen und den noch nicht Alten
Voll die erloschenen Gestalten

That's the Joy of Ageing

Ist das eine Stimmungsschwankung
Oder die alte Grunderkrankung?
Und ist im Frühherbst des Lebens
Diese Frage nicht vergebens?

Alles Essig, alles Mist
Wenn du aus Schwermut Forest bist
Heiterkeit und Depression
Das kommt halt vor, das kennt man schon

That's the Joy of Ageing

Und doch muss ich mein Alter loben
Der Pflicht zur Fortpflanzung enthoben
Vom Mittun in der Dating-Welt
Sind wir zum Glück freigestellt

50 clumsy and shy und bin immer noch doch dabei
50 clumsy and shy - many years before we die

That's the Joy of Ageing

What the heck, was soll der Stress
Mit dem pursuit of happiness
Glück ist keine Bürgerpflicht
Die Dinge, über die man so viel spricht
Gibt's in den meisten Fällen nicht
Glück und Liebe gibt's gar nicht

Ja, renn nur nach dem Glück
Doch renne nicht zu sehr
Alle rennen nach dem Glück
Und das Glück rennt hinterher
That's the Joy of Ageing ...

EIGENTUMSWOHNUNG

Von den Eltern zur Belohnung
Und zur eigenen Nervenschonung
Und zur ständigen Naherholung
Kriegen wir jetzt eine Eigentumswohnung

Wir wollen ja keinen vertreiben
Aber wir müssen auch irgendwo bleiben
Wir müssen schließlich auch irgendwo wohnen
Und erben muss sich wieder lohnen

In andern Ländern wohnt man auch nicht zur Miete
Da bist du ohne Eigentum die Niete
Der Mietenmarkt ist das Allerletzte
Wir sind nicht geboren für diese Hetze

Von den Eltern zur Belohnung
Und zur eigenen Nervenschonung
Und zur ständigen Naherholung
Kriegen wir jetzt eine Eigentumswohnung

Der Kapitalismus ist an allem schuld
Wir sind am Ende unsrer Geduld
Wir leben eigentlich selber prekär
Wenn das mit der Wohnung nicht wär

Wir müssen auch an das Alter denken
Die Eltern wollten's uns halt unbedingt schenken
Wir haben leider keine andere Wahl
Wir thematisieren das ja selber manchmal

Von den Eltern zur Belohnung
Und zur eigenen Nervenschonung
Und zur ständigen Naherholung
Kriegen wir jetzt eine Eigentumswohnung

WAS JETZT KOMMT

Was jetzt kommt, ist für euch nicht so schön
Aber wenn man gehen soll, soll man gehen

Eure Zeit, sie liegt so lang zurück
In DDR und Bundesrepublik

So wie damals wird es nie mehr sein
Die alte Zeit – sie war so schwer wie Blei

Das Maß aller Dinge, das ward ihr
Die anderen mit Spezialproblemen wir

Manche Dinge, die versteht ihr nie
Diversity und Gendertheorie

Andere nehmen eure Plätze ein
Sie werden nicht so weiß und männlich sein

Jetzt fühlt ihr euch selbst diskriminiert
'S ist nicht schön, wenn man Privilegien verliert

So wie früher wird es nie mehr sein
Nehmt es wie ein Mann und sagt Goodbye

Was jetzt kommt, ist für euch nicht so schön
Aber wenn man gehen soll, soll man gehen

Was jetzt kommt, ist für euch nicht so schön
Aber wenn man gehen soll, soll man gehen

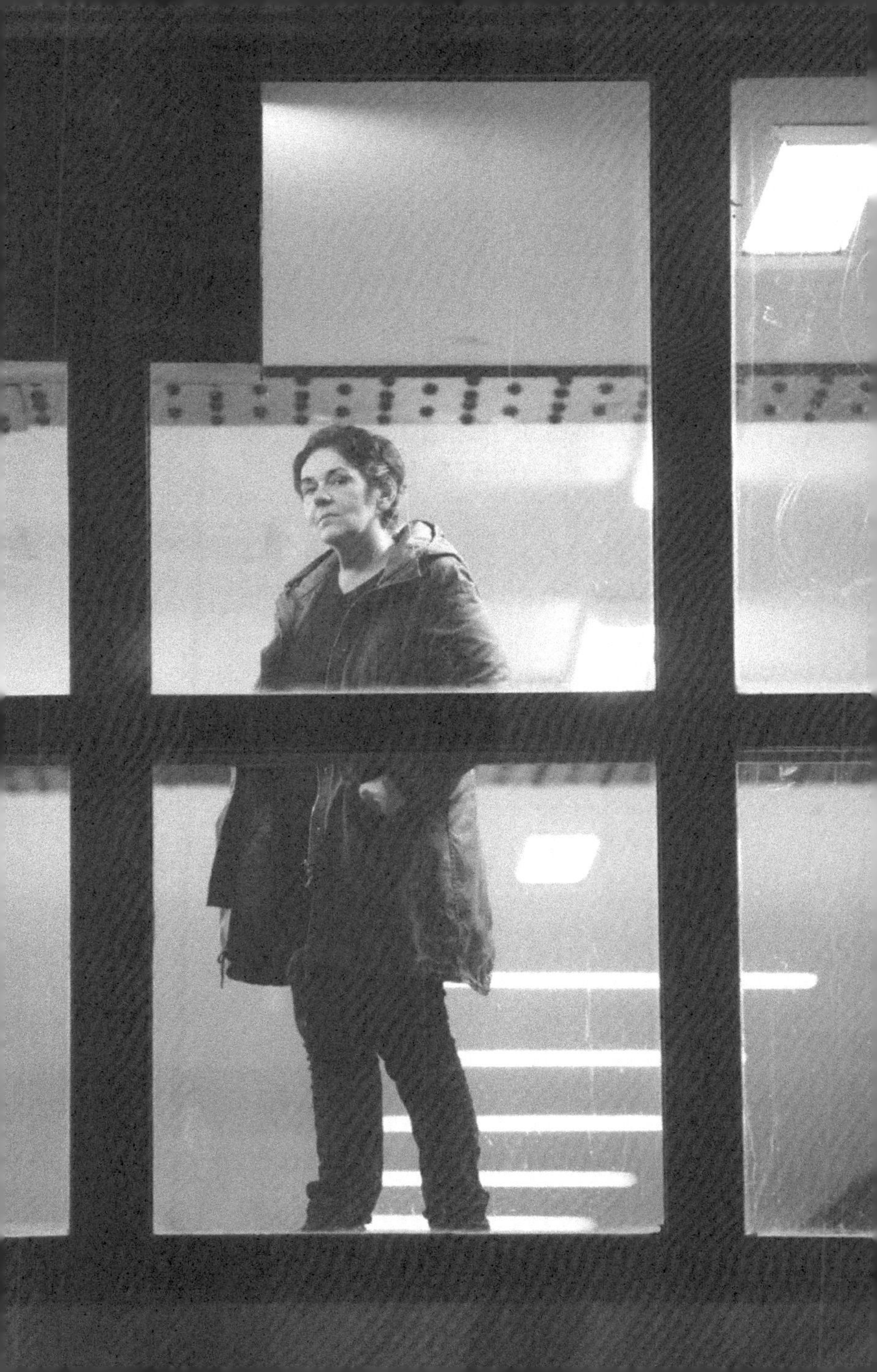

LIEDER OHNE LEIDEN

Liebe ist ein süßes Gift
Und auch ein starkes Sujet
Und trifft sie auch nur auf ein Hasenherz
So tut's doch furchtbar weh

Und all der Kummer und all die Empörung
Wegen einer wandelnden narzisstischen Störung
Ein größerer Idiot ist dir selten begegnet
Und du siehst jetzt klarer, jetzt wo's nicht mehr regnet

Und da ist das Wort, und da kommt die Melodie
Ein traurigeres Lied, das gab es wohl noch nie

Ich will Lieder ohne Leiden
Ich kann mir doch nicht jeden Tag das Ohr abschneiden
Ich will Lieder, die nichts bedeuten
Ich kann mir doch nicht jedes Jahr das Herz rausreißen

Das Leben ist kein Leichtes
Und die Rettung liegt so fern
Menschen gehen dir auf die Nerven
Und du hast sie doch so gern

Was soll das alles? Hast du so oft gefragt
Und du täuschst den Schmerz vor, der dich wirklich plagt
Derselbe, der dir immer wieder begegnet
Und du siehst jetzt klarer, jetzt wo's nicht mehr regnet

Und da kommt das Wort, und da kommt die Melodie
Ein traurigeres Lied, das gab es wohl noch nie

Ich will Lieder ohne Leiden
Ich kann mir doch nicht jeden Tag das Ohr abschneiden
Ich will Lieder, die nichts bedeuten
Ich kann mir doch nicht jedes Jahr das Herz rausreißen

DAS VERFLIXTE 7. JAHR

Dass ich dich nicht vergessen kann
Sie nannten's Krankheit
Sie nannten's Liebe
Das war es nicht, aber im siebten Jahr
Schien's mir selbst auch übertrieben

Such was Neues, geh zum Doktor
Sagten die Berater
Aber was verstehen die schon
Vom Mysterientheater

Das ganz und gar vergebene Denken
Das ist meine Poesie
Und täglich sitz ich weiter
An der Exit -Strategie

Vorerst mach ich grad so weiter
Stur und störrisch bleib ich dran
Es kommen auch wieder andere Tage
Wo das Blatt sich wenden kann

Wenn du mir endlich ganz egal bist
Fehlt mir das Denken sehr
Denn vergebens an dich denken
Ohne dich fällt schwer

Weißt du denn jetzt, was da los war?
Ich heul es mit den Wölfen:
Wer sieben Jahre lang nix merkt
Dem ist nicht mehr zu helfen

STADT UNTER EINFLUSS

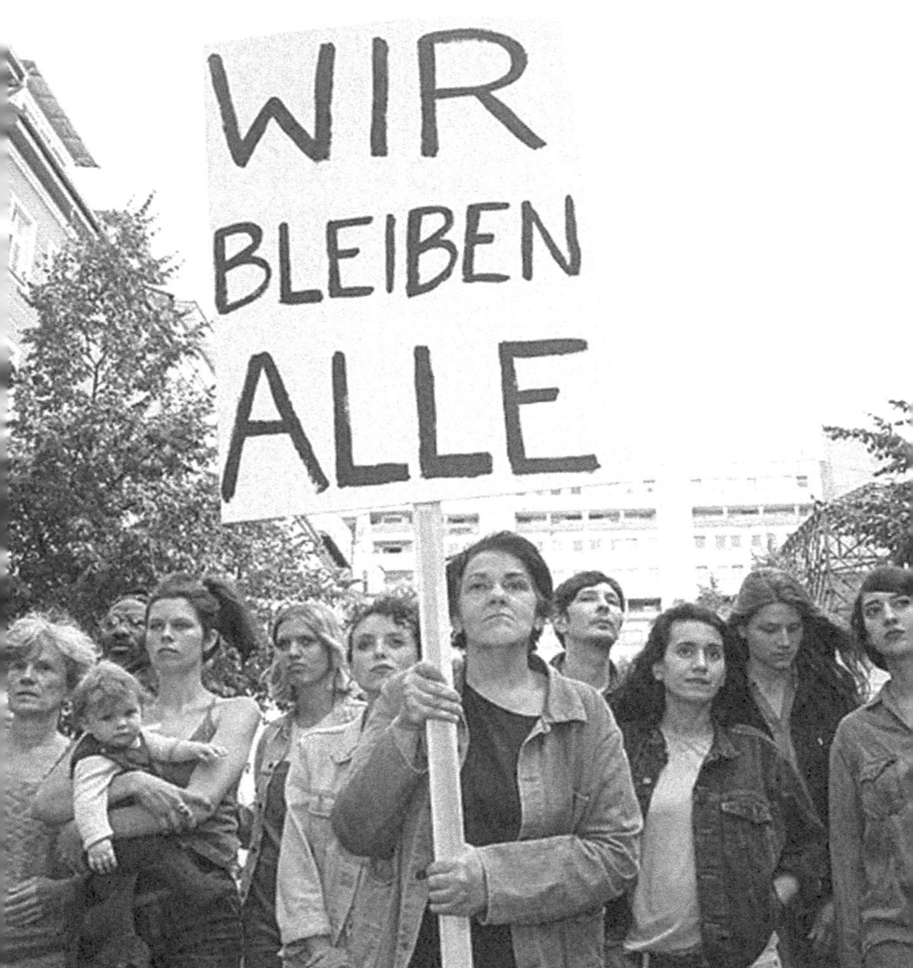
WIR
BLEIBEN
ALLE

Seit 2014 hatte ich schon bei einigen Theaterstücken in Berlin als Sängerin mitgespielt, und 2018 erhielt ich den Auftrag vom HAU (Hebbel-Theater am Ufer), ein Musical zum Thema Wohnen zu schreiben. Mein Interesse an wohnungspolitischen Themen war ja seit dem Song »Eigentumswohnung« von »Lieder ohne Leiden« bekannt.

So traf ich mich mit Aktivist*innen der Kreuzberger Mieterbewegung »Bizim Kiez« und schrieb die Songs und Zwischenstücke zu »Stadt unter Einfluss«. Das Besondere an dem Stück ist, dass ununterbrochen gesungen oder im Rezitativ gesprochen wird.

In der Band spielten bei den ersten Aufführungen Andreas Spechtl, Laura Landergott (Ja, Panik), Rabea Erradi und Sonja Knoch.

Das Stück konnte wegen widriger Corona-Umstände erst 2022 mit veränderter Besetzung und veränderter Band wieder aufgeführt werden.

ICH SUCHT' NE WOHNUNG

Ich sucht' ne Wohnung in 61
Der Makler war fies und kräftig
Die Wohnung in Lichtenrade
Die hatte kein Klo und kein Bade
Bei der Wohnung in der Reuter
Auf der Treppe 200 Leuter
Ich sucht' ne Wohnung in Schöneberg
Die war 2000 Euro wert

Die Wohnung in der Wrangel
Die hatt ich schon fast an der Angel
Ich sucht' ne Wohnung in Hohenschönhausen
Schon bei der Anfahrt kriegt' ich das Grausen
Ich sucht' ne Wohnung in Marienfelde
Sie hören von uns in Bälde
Die Wohnung in Moabit
War luxussaniert, igitt

Ich sucht' ne Wohnung in Wedding
Die war preislich nicht so mein Ding
Ich sucht' ne Wohnung in Rudow
Die gehörte dem Walz, Udo
Ich sucht' ne Wohnung in Oberschöneweide
Die Nazis taten mir nichts zuleide
Ich sucht' ne Wohnung in Marzahn
Die stell ich erst mal hinten an

Ich sucht' ne Wohnung an der Panke
Zwei Zimmer eins fünf, nein danke
Auch die Wohnungen in Britz
Das waren keine Hits
Ich sucht' ne Wohnung in Treptow
Im Gedränge ich von der Treppe flog
Ich sucht' ne Wohnung in Charlottenburg
Die war von Ingo Insterburg

Ich suchte ne Wohnung in Karow
Die passte nicht so vom Preisniveau
Ich sucht' ne Wohnung in Friedrichshain
Die gab's nur mit Wohnberechtigungsschein
Die Wohnungen am Steglitzer Kreisel
Die waren teuer und scheiße
Ich sucht' ne Wohnung in Grunewald
Die kost' 2000 Euro kalt

Ich sucht' ne Wohnung am Stutti
Die wollten ne reiche Mutti
Der Vermieter in Alt-Tegel
Der hatte Ohren wir Segel
Ich sucht' ne Wohnung in Tempelhof
Da war der Makler auch sehr doof
Ich sucht' ne Wohnung in Köpenick
Die war arschteuer und nicht mal schick

Ich sucht' ne Wohnung im Westend
Wo sich gar keiner mehr auskennt
Ich sucht' ne Wohnung in Lübars
Ja, das war's

ICH WOHNE SO UNGLAUBLICH GERN

Schon als Kind hatte ich diese große Lust zu wohnen
Baute mir überall möblierte Zonen
Lebte drin auch gerne allein
Einfach nur wohnen, einfach nur sein!

Nun kann ich nicht mehr ohne, es ist wie eine Sucht
Ich hab schon alles Mögliche versucht
Ohne Wohnen fühl ich mich verlassen
Ich kann das Wohnen einfach nicht lassen

Ich weiß, es klingt verrückt
Wie vom anderen Stern
Doch kann mir nicht helfen
Ich wohne so unglaublich gern

Auch heut such ich noch nach bewohnbaren Zonen
Ich kann mir das Wohnen einfach nicht abgewohnen
Und träum von einer neuen Zeit
Wohnen als Selbstverständlichkeit

Ich weiß, es klingt verrückt
Wie vom anderen Stern;
Doch kann mir nicht helfen
Ich wohne so unglaublich gern

WOHIN MIT UNS

Wohin mit uns
Es ist schon spät
Es scheint fast so
Als wohnten wir
Überall im Weg

Das war doch unsere Straße
Das war doch unsere Stadt
Nun sind wir überflüssig
Und man schafft uns ab
Du sagst, man muss sich wehren
Doch wie soll das gehen?
Gegen den Markt, gegen das Geld
Gegen das System?

EINE STADT FÜR ALLE, DIE DRIN WOHNEN

Eine Stadt für alle, die drin wohnen
Eine Stadt ohne mieterbefreite Zonen
Für die kranken Brüder und die kranken Schwestern
Für die Frau von heute und den Mann von gestern
Für die queeren und verqueren und die normalen, straighten
Für die schlauen und die grauen und die n bisschen blöden
Für die alten Schwaben und Neuberliner

Und nicht nur für akademische Doppelverdiener!

Für die Happy Singles und die Pärchenlügen
Für die mit den karierten Plastiktüten
Für die ganz Verpeilten und die Halbverstrahlten
Für die chronisch Unterbezahlten
Für die Rentner mit und ohne Dauerwelle
Für die unterhalb des Wohlstandsgefälles
Für die, die Fenster putzen und die Kisten schleppen
Und nicht nur für nervige Start-up-Deppen!

Für unterbeschäftigte Kleindarsteller
Und für die prekären Paketzusteller
Für die Digital Natives und Late Adopter
Wenn's sein muss, auch für ein, zwei Eltern-Helikopter!
Eine Stadt mit Gemüse- und Kinderläden
Mit Schulen und Hallen mit Sportgeräten
Mit Blumenläden und Bäckereien

Und nicht nur immer neue Burger-Bratereien!

Für die Geflüchteten, egal woher sie kommen
Für die Atheisten und für die Frommen
Für die Blenderinnen und die Stresser
Für notorische Turnbeutelvergesser
Für Taxifahrer und Busfahrerinnen
Für die, die nie im Lotto gewinnen
Für Maurer, Bauarbeiter, Gipser
Und nicht nur für Tripster, Trickster, Hipster!

Für die Hartzer und die Quarzer und die Hoodies
    und Homies
Für die Boylies und Görlies und die Opas und die Omis
Die Juicer und die Loser, die User und die Flummies
Für die Druffis und die Durchis und die Hirnis und die
    Dummies
Für die wankenden Gestalten mit dem kleinen Tick

Und nicht nur für Styler im Homeless-Chic

Für die, die so wichtig sind wie noch nie
Und nicht nur für die Bio-Bourgeoisie!

MIETERINNEN STRESSEN ZURÜCK

Bisher ist es für euch gut gelaufen
Die halbe Stadt konntet ihr euch kaufen
Die Politik war auf eurer Seite
Und Berlin sowieso pleite

Doch euer Glück ist so vergänglich
Denn wir sind unverdränglich
Vorbei sind eure Zeiten im Immo-Glück
Mieterinnen stressen zurück

Wir werden Investoren vertreiben
Ab und zu auch mal enteignen
Wir werden die Mieten einfrieren
Immer mehr kommunalisieren

Wir gucken auch mal wie's euch so geht
Wo eine Villa ist, da ist auch ein Weg

Vorbei sind eure Zeiten im Immo-Glück
Mieterinnen stressen zurück
Wir haben die Zukunft der Stadt im Blick
Widerstand wird jetzt voll chic!

Vorbei sind eure Zeiten im Immo-Glück
Mieterinnen stressen zurück

Mieterinnen stressen zurück
Mieterinnen stressen zurück
Mieterinnen stressen zurück

PLANET EGALIA

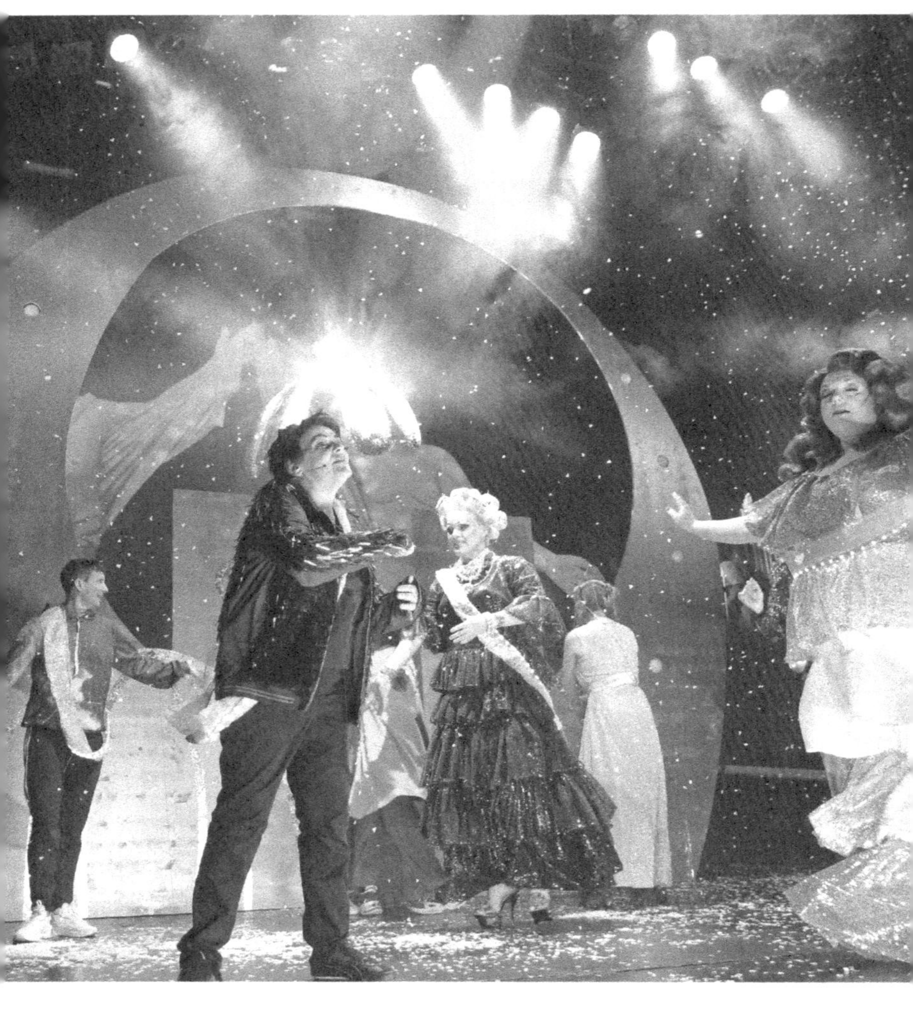

Nach dem Erfolg von »Stadt unter Einfluss« konnte ich ein neues Stück für das HAU auf die Bühne bringen, und da ich schon immer ein feministisches Musical schreiben wollte, bastelte ich aus dem Roman »Die Töchter Egalias« der norwegischen Autorin Gert Brantenburg und aus den Romanen der feministischen Science-Fiction-Autorinnen Joanna Russ, Marge Piercy und Ursula Le Guin das Stück »Planet Egalia«.

In der Band spielten Laura Landergott, Albertine Sarges, Julie Miess (Britta) und Elise Mory (Gustav).

FEMINIST SONG

Keine Stangentanz-Empowerment-Posen
Keine feministischen Unterhosen
Kein Beyoncé-Glamourgirl-Glam
Und kein T-Shirt von H&M
Kein Klassentreffen der Alphamädchen
Kein PC-Selbstbedienungslädchen
Kein Wohlfühlbad, kein Lifestyle-Dekor
Kein Feminist-Leiberl von Dior
Feminismus ist nicht Fun
Er ist komplex, und er kotzt die Leute an
Er ist nicht cool, und seine Themen sind alt:
Ausbeutung, Sexismus, strukturelle Gewalt
Und die sogenannte Liebe, Schmieröl im Getriebe
Vom Kapitalismus und dem ganzen Stuss
Und ich hab's immer schon gewusst

So, wie es ist, kann's nicht bleiben
Irgendjemand muss immer leiden
Es reicht nicht aus, wenn wir nur gendern
Es muss sich bald mal alles ändern

So, wie es ist, kann's nicht bleiben
Irgendjemand muss immer leiden
Es reicht nicht aus, wenn wir nur gendern
Es muss sich bald mal alles ändern

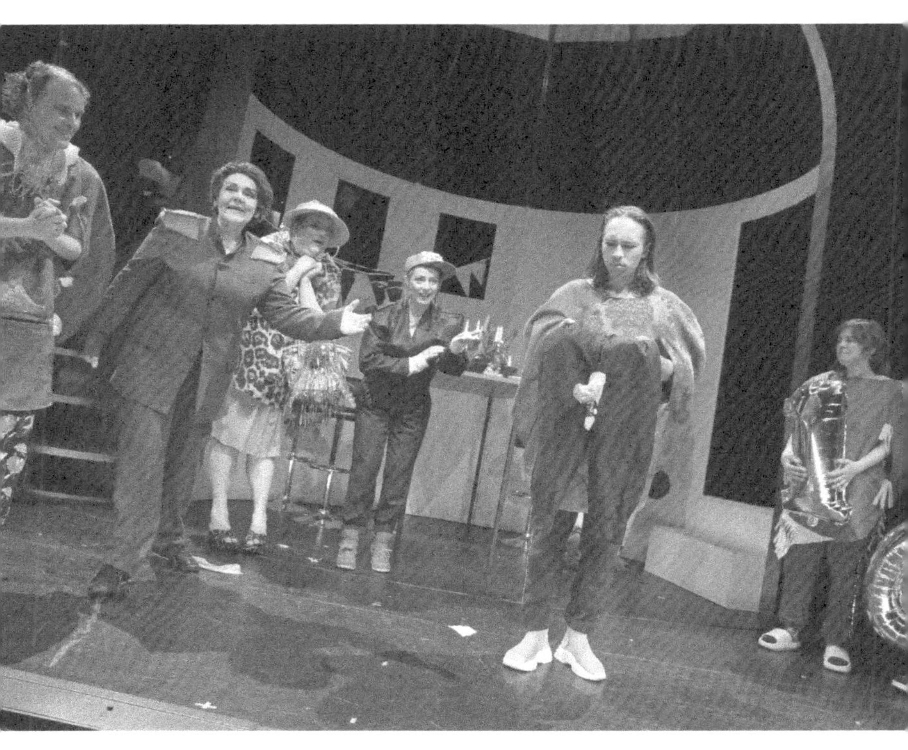

DISKOGRAFIE

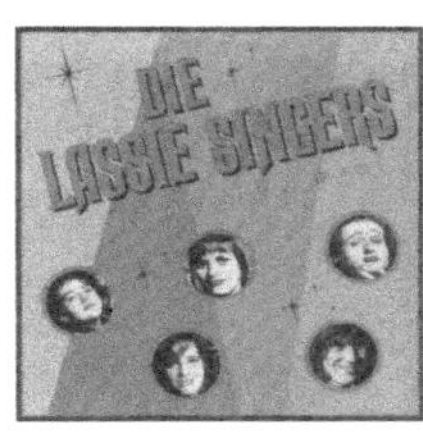

Mein Freund hat mit mir Schluss gemacht* / Frauen am Rande des Nervenzusammenbruchs* / Warum nette Mädchen niemals glücklich werden können* / Chartbreaker* / Die Pärchenlüge* / Lassie Song* / Wir wollen gar nicht besser sein* / Jeder ist in seiner eigenen Welt* / Johnny, Jim und Jack* / Geh in den Keller* / Die große Liebe*
erschienen 1991 auf
Die Lassie Singers – Die Lassie Singers helfen dir
Columbia (COL 468539)
Verlegt bei Discoton Musik Edition

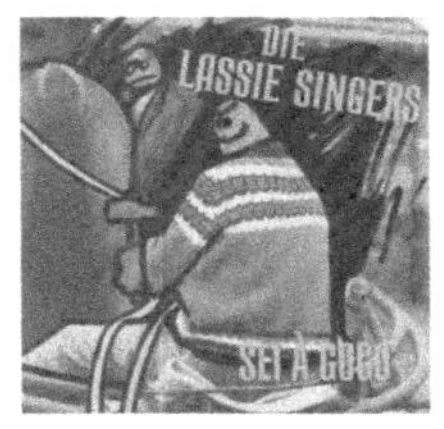

Männliche Mitmenschen XY ungelöst* / Hamburg* / Wie ein engstirniger Taxifahrer eine aufkeimende junge Liebe einfach so zerstört hat* / Ich* / Radiomann* / Ist das wieder so ne Phase / P.A.R.A.N.O.I.D.* / Leben in der Bar* / Mein zukünftiger Ex-Freund*
erschienen 1992 auf
Die Lassie Singers – Sei à gogo
Dragnet Records (DRA 472408)
Verlegt bei Discoton Musik Edition

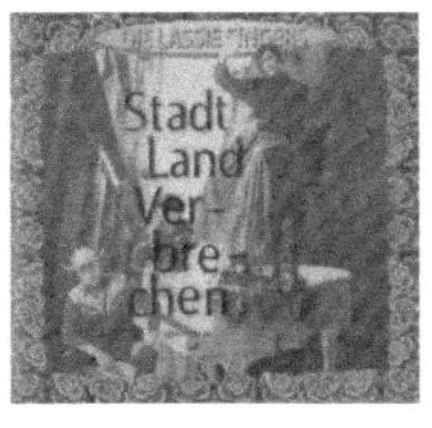

Entrez la Nature* / Ampelmann* / Du lässt dich gehen* / Langeweile* / Es ist so schade / Flugzeugspiel* / Geheime Gesellschaft / Das Kissen*
erschienen 1994 auf
Die Lassie Singers – Stadt Land Verbrechen
Dragnet Records (DRA 478109)
Verlegt bei Discoton Musik Edition

*Geschrieben mit Almut Klotz

Liebe wird oft überbewertet / Ich bin dir jetzt schon dankbar* / Ich glaub ich hab ein Faible für Idioten / Wo bleibt der Mensch / Wenn du mich nicht willst* / Hunger nach Schicksal* / Es kommt schon wieder einer / Hotel Daheim*
erschienen 1996 auf
Die Lassie Singers – Hotel Hotel
Dragnet Records (DRA 484143)
Verlegt bei Discoton Musik Edition

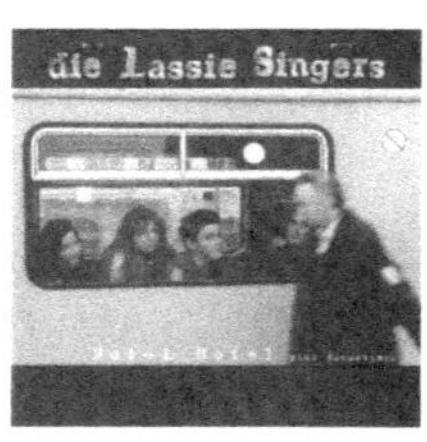

Freiheit aus einem Männermund
erschien 1998 auf
Die Lassie Singers – Rest Of Lassie Singers (Rare & Unreleased)
Flittchen Records (FLIT 3)
Verlegt bei Discoton Musik Edition

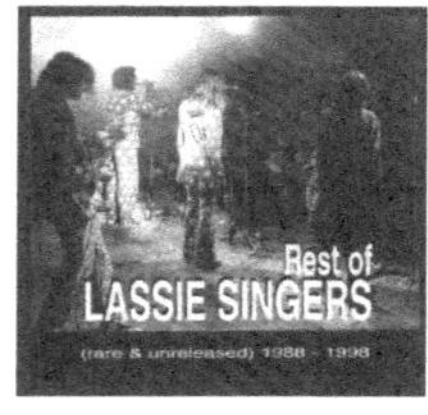

Ich würde Flyer drucken lassen / Kuschelrock / Bovary 82 / Irgendwas ist immer / Ex und Pop / Mein Leben als Hund / Er sah interessanter aus als er letztendlich war / Unglücklich / Die neue Bitterkeit / Ich bin 2 Öltanks / Brauner
erschienen 1999 auf
Britta – Irgendwas ist immer
Flittchen Records (FLIT 4)
Verlegt bei Copyright Control

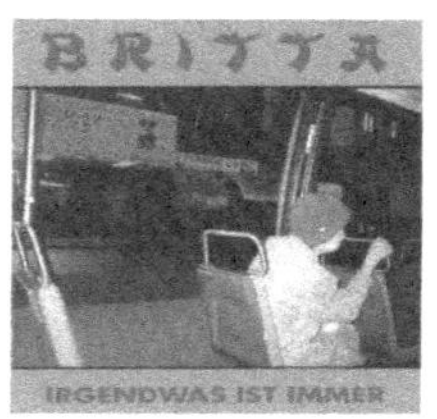

DJ Holzbank / Die traurigsten Menschen / Das platte Tier / Rock Me In Crazy Berlin / Mondgesicht / Probleme die andere gern hätten / Das alte Lied / Ho Chi Minh
erschienen 2001 auf
Britta – Kollektion Gold
Flittchen Records (FLIT 7)
Verlegt bei Copyright Control

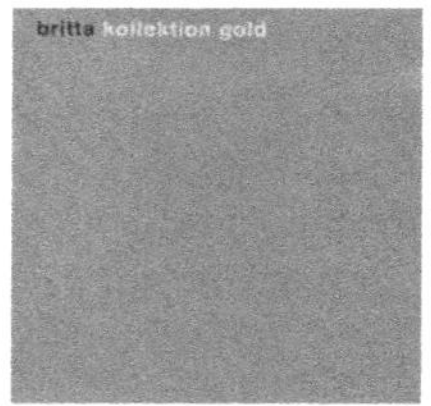

*Geschrieben mit Almut Klotz

Fragen / Lichtjahre voraus / Chinesisches Roulette / Happy Song / L**** / Es ist nicht immer leicht / Ruf mich nie mehr an / Wie ein Smith Song
erschienen 2003 auf
Britta – Lichtjahre voraus
Flittchen Records (FLIT 9)
Verlegt bei Copyright Control

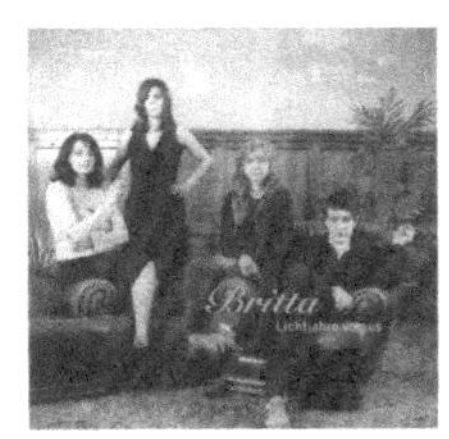

Depressiver Tag / Wer wird Millionär / Du sprichst in Rätseln / Menschenfeind / 24 Stunden sind kein Tag / Seltsam seltsam / Dieses Mal / Büro Büro / Heimi Heimato
erschienen 2006 auf
Britta – Das schöne Leben
Flittchen Records (FLIT 12)
Verlegt bei Copyright Control

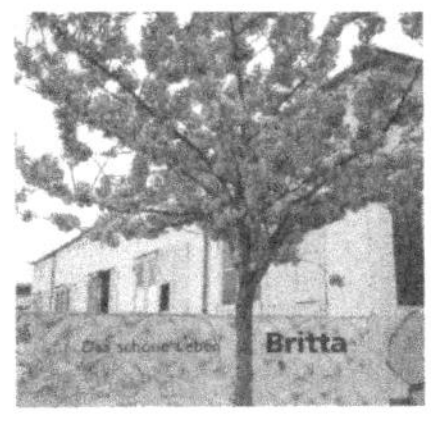

Ich muss immer an dich denken / Kleines Lied zum Abschied / Es geht sich nicht aus / Desillusion / Berlin / Verloren / Sinnlos / Hauptsache raus / These Days / Es ist so arg
erschienen 2010 auf
Christiane Rösinger – Songs Of L. And Hate
Staatsakt (Akt 712)
Verlegt bei Flirt99 Musikverlag, Hanseatic Musikverlag, Summen Musikverlag

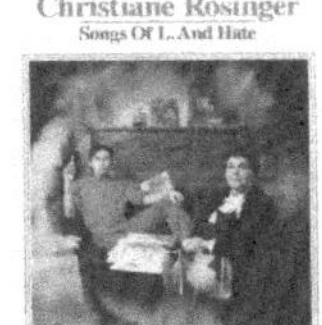

Kleines Lied zum Anfang / Lob der stumpfen Arbeit / Schal / Joy of Ageing / Eigentumswohnung / Was jetzt kommt / Lieder ohne Leiden / Das verflixte 7 Jahr
erschienen 2017 auf
Christiane Rösinger – Lieder ohne Leiden
Staatsakt (Akt 782)
Verlegt bei Flirt99 Musikverlag, Hanseatic Musikverlag

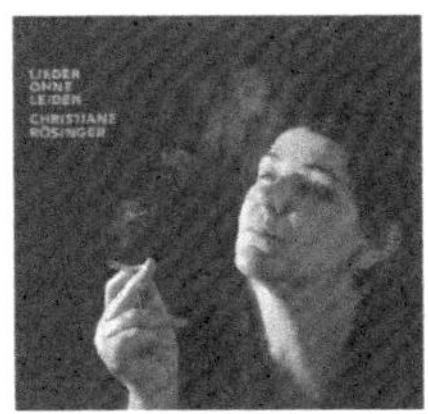

Stadt unter Einfluss / Ich sucht ne Wohnung /
Ich wohne so unglaublich gern / Wohin mit uns /
Eine Stadt für alle die drin wohnen / Mieterinnen
stressen zurück
wurden 2019 uraufgeführt bei der Produktion
Stadt unter Einfluss
HAU (Hebbel-Theater am Ufer)

Feminist Song
wurde 2021 uraufgeführt bei der Produktion
Planet Egalia
HAU (Hebbel-Theater am Ufer)

GLOSSAR

Ageing, Joy of (☞ Lieder ohne Leiden. Christiane Rösinger 2017)

Bezieht sich auf den Bestseller »Joy of Sex« aus dem Jahr 1972, der sich wiederum auf das Kochbuch »Joy of Cooking« bezieht. »Joy of Sex« stand elf Wochen auf Platz eins der »New York Times«-Bestsellerliste, allerdings eben in den Siebzigern. Deshalb versteht auch heute keiner mehr den Witz des Titels »Joy of Ageing«.

Brauner (☞ Irgendwas ist immer. Britta 1999)

Titelsong des Kurzfilms »Superhund« von Möbel-Unternehmer Rafael Horzon (1997). In dem Film wird ein Tag aus dem Leben des Superhundes Brauner erzählt, der als Westernhund gleichzeitig Cowboy und Pferd ist.

Chinesisches Roulette (☞ Lichtjahre voraus. Britta 2001)

Bekanntes Gesellschaftsspiel aus den Siebzigern, bei dem am Schluss immer eine heult.

Spielregel: Eine geht raus. Die Gruppe drin einigt sich auf eine Mitspielerin, die erraten werden muss. Die draußen kommt rein und stellt Fragen wie zum Beispiel: Was wäre die Person, wenn sie ein Tier, eine Krankheit, eine Farbe wäre? Führt in 90 Prozent der Fälle zu Zerwürfnissen, zum Abbruch von Beziehungen und zu ewiger Feindschaft zwischen den Mitspielerinnen.

Ebenso: Titel eines Fassbinder-Films von 1976.

Du lässt dich gehen (☞ Stadt Land Verbrechen. Lassie Singers 1994)

Nachdichtung des berühmten Aznavour-Chansons »Du lässt dich gehen« – »Tu t'laisses aller« von 1962 aus weiblich-feministischer Sicht. Der Sänger zieht im Original mehrere Strophen lang über das vernachlässigte Erscheinungsbild seiner Frau her (Haar, Strümpfe, schlampige Figur) und beklagt, dass sie so nicht mehr reizvoll für ihn sei. Wir haben uns immer darüber gewundert, dass der Sänger in der letzten, versöhnlicheren Strophe tatsächlich denkt, dass nach all den Beleidigungen mit etwas gutem Willen seitens der Frau (»mit einem kleinen Lächeln nur, und tu auch was für die Figur«) die Beziehung wieder gekittet werden könnte.

Das Lied untermalt eine ganze Szene des Godard-Films »Eine Frau ist eine Frau« –»Une femme est une Femme« von 1961.

Es geht sich nicht aus (☞ Songs Of L. And Hate. Christiane Rösinger 2010)

Universalausdruck aus Österreich. Bedeutet so viel wie: Es haut nicht hin, das klappt nicht, das kriegt man nicht zusammen, es reicht nicht, es wird nicht funktionieren. Lässt sich auf alle Planvorhaben von Busverbindung über Romantische Zweierbeziehung (RZB) bis hin zu Lebensentwürfen verwenden.

Frauen am Rande des Nervenzusammenbruchs (☞Die Lassie Singers helfen dir. Lassie Singers 1991)

Nach Pedro Almodóvars Film »Mujeres al borde de un ataque de nervios« von 1988.

Geh in den Keller (☞ Die Lassie Singers helfen dir. Lassie Singers 1992)

Zum wiederholten, aber auch allerletzten Mal sei hier erwähnt, dass die Zeile »Geh in den Keller und reiß dich zusammen« von Bernd Begemann stammt.

Ho Chi Minh (☞ Kollektion Gold. Britta 2001)

Vietnamesischer Revolutionär. In dreimaliger Wiederholung der ersten Silbe mit Emphase ausgerufen auch berühmter Schlachtruf bei Anti-Vietnamkrieg-Demos, die um 1968 via Fernsehen zur Tagesschau-Zeit auch ins badische Hügelsheim übertragen wurden. Da ich als Sechsjährige schon links war, erfand ich ein geheimes Ritual und rief jeden Abend zum Sonnenuntergang dreimal »Ho, Ho, Ho Chi Min« von einer Böschung aus über den badischen Altrhein. Dass es genützt hat, zeigt der Lauf der Weltgeschichte.

Ich würde Flyer drucken lassen (☞ Irgendwas ist immer. Britta 1999)

War damals ein hochaktueller Titel, weil darin das völlig neue Wort Flyer vorkam. Wirkt heute natürlich sehr anachronistisch. Das Lied zeigt aber auch heute noch schön auf, wie sich unerfüllte Liebe lyrisch in gerechten Hass verwandeln lässt.

Jesus liebt dich (☞ Hamburg. Sei à gogo. Lassie Singers 1992)

Deutet nicht, wie manchmal fälschlicherweise angenommen, auf eine frühe christliche Prägung der Lassie Singers hin, sondern bezieht sich auf eine Leuchtreklame der Heilsarmee in St. Pauli, die aber in der Zwischenzeit durch »Jesus lebt« ersetzt wurde.

Das Lied »Hamburg« gab immer viele Rätsel auf. So fiel es österreichischen Fans erst nach ihrer ersten Hamburgreise wie Schuppen von den Augen, dass »Skianzüge am Hans-Albers-Platz« keine Metapher ist. So wissen Nachgeborene nicht mehr, wo der »Sorgenbrecher« oder wer mit »Frühstückstyrannen« gemeint war. Aber es kann hier nicht alles erklärt werden, manches muss Geheimnis bleiben.

Kapitalismus: Der Kapitalismus ist an allem schuld (☞ Eigentumswohnung. Lieder ohne Leiden. Christiane Rösinger 2010)

Das stimmt zwar grundsätzlich immer – im Lied ist aber die Zeile »Der Kapitalismus ist an allem schuld, wir sind am Ende unserer Geduld« wie auch der restliche Text als eine Verteidigungsrede von sich als eher links empfindenden Erben zu lesen.

Lassie (☞ Lassie Song. Die Lassie Singers helfen dir. Lassie Singers 1991)

In unseren Anfangszeiten sprachen Almut und ich viel über unsere Fernseh-Kindheit: Flipper, Lassie, Fury, Skippy das Buschkänguru, Schweinchen Dick, Familie Feuerstein, Rauchende Colts, Bonanza, Bezaubernde Jeannie.

Der Bandname Flipper war schon vergeben an eine kalifornische Rockband und die deutschen Flippers. Deshalb nannten wir uns Lassie Singers. Erst später erfuhren wir, das Lassie im Schottischen »Mädchen« heißt und der Name eines indischen Getränks ist.

M Ach **Menno!** Jungs sind undurchsichtig, feige und verquer! (☞ Mein Freund hat mit mir Schluss gemacht. Die Lassie Singers helfen dir. Lassie Singers 1991)

Dieser Ausruf der Verärgerung, Entrüstung und gespielten Verzweiflung war vor allem im süddeutschen Raum in der Jugendsprache sehr verbreitet.

Er drückt ein energisches Aufbegehren gegen die Zumutungen der Realität und des Erwachsenwerdens aus. Ach Menno! Jungs sind undurchsichtig, feige und verquer!

Nur weil wir keine Ausbildung haben, machen wir den ganzen Scheiß (☞ Hamburg. Sei à gogo. Lassie Singers 1992)

Diesen Slogan druckten wir auf T-Shirts um das Foto der Tankstelle Frankenhöhe herum. Ursprünglich kommt der Sinnspruch aus dem Sozialarbeitervokabular der Siebzigerjahre, als kleinkriminellen Jungendlichen in den Mund gelegte Selbstverteidigung. Dahinter stand die Annahme, dass Jugendliche keinen Scheiß bauen, wenn sie einen Ausbildungsplatz bekommen. Wir fühlten uns in den frühen Tourzeiten ein bisschen als coole Outlaws und waren immer sehr glücklich und ein bisschen wehmütig auf Tour.

Öltank (☞ Ich bin 2 Öltanks. Irgendwas ist immer. Britta 1999)

Zwei dieser kleinen, tapferen Gesellen standen vor Kurzem noch an der Autobahn Berlin Richtung Hamburg und hielten die Stellung. Ich habe jahrelang geforscht: Warum »Ich bin 2 Öltanks«? Weil der eine Öltank so viel Öl fasst wie sonst zwei Tanks? Weil er eine so starke Außenwand hat, dass er einen Reaktorunfall oder einen Flugzeugabsturz überstehen würde? Die Antwort darauf gab dann der Erfinder des Slogans, der Kabarettist Hans Scheibner 2015 in einer Talkshow. Weil die Aufnahme auf YouTube so schlecht ist, versteht man nur die Wörter »Beton« und »Kunststoff«. Es bleibt also ein ewiges Rätsel.

Pärchen (☞ Die Pärchenlüge. Die Lassie Singers helfen dir. Lassie Singers 1991)

Das Pärchen ist die niedrigste aller Lebensformen und steht deshalb in der Artentabelle nur kurz vor der Amöbe und dem Pantoffeltierchen.

Quarterlife Crisis (☞ Es ist so arg. Songs Of L. And Hate. Christiane Rösinger 2010)

Um 2009 neu entdeckte Krise der 25 jährigen. Die Quarterlife-Krise schließt im ewigen Krisenzirkel »Geburt – Trotzphase – Pubertät – Adoleszenz – 1. Burn out – Mid-Life-Crisis – Altersdepression – Tod« die Lücke zwischen Adoleszenz und Midlife.

R Wir sind nicht bei **Rock am Ring** und wir sind nicht bei Rock am See. Wir wollen da gar nicht hin und es tut auch nicht mehr weh. (☞ Lichtjahre voraus. Lichtjahre voraus. Britta 2003)

Sommerlich rockistisch-sexistisches Männerspektakel, das – wie bereits 2003 besungen – auch 2022 kaum Frauen auf der Bühne zulässt.

Schlafen kann ich, wenn ich tot bin (☞ Leben in der Bar. Sei à gogo. Lassie Singers 1992)

Das Zitat wird allgemein Rainer Werner Fassbinder zugeschrieben, manche vermuten den Ursprung in einem jüdischen Sprichwort.

T Denn der **Teufel** scheißt auf den größten Haufen (☞ Wer wird Millionär. Das schöne Leben. Britta 2006)

Populäres Sprichwort aus dem sogenannten Volksmund. Bedeutet so viel wie: Wer schon was hat, kriegt immer noch mehr. Die Reichen werden immer reicher. Geht angeblich zurück auf das Matthäusevangelium, darin auf das Gleichnis von den anvertrauten Talenten. »Denn wer da hat, dem wird gegeben, dass er die Fülle habe; wer aber nicht hat, dem wird auch das genommen, was er hat.«

In der Soziologie spricht man in der Erfolgsforschung vom Matthäus-Effekt. Danach entstehen aktuelle Erfolge mehr durch frühere Erfolge und weniger durch gegenwärtige Leistungen. Ein Grund liegt angeblich in der stärkeren Aufmerksamkeit, die Erfolge erzeugen.

Vom Matthäus-Effekt spricht man auch bei wissenschaftssoziologischen Überlegungen in Bezug auf die Zitierhäufigkeit von wissenschaftlichen Veröffentlichungen. »Bekannte Autoren werden häufiger zitiert als unbekannte und werden dadurch noch bekannter« *(success breeds success* – Erfolg führt zu Erfolg).

Wenn der Matthäus-Effekt durch gegenseitige Gefälligkeitszitate mehrerer Autoren herbeigeführt oder verstärkt wird, spricht man von einem Zitierkartell. Männliche Zitierkartelle sind auch im Feuilleton, im Musikjournalismus und der Populärkultur weit verbreitet.

Überwertet (☞ Liebe wird oft überbewertet. Hotel Hotel. Lassie Singers 1996)

Das Lied ist die Ur-Kurzfassung des 2006 erschienenen gleichnamigen populären Sachbuchs. Im Song sind schon alle Themen des späteren Antibeziehungsratgebers enthalten. »Wäre Fernsehen zu zweit nicht viel schöner« ist eine übergriffige Privatsender-Werbung für eine Dating-Nummer aus den Neunzigern.

Ver (☞ Verloren. Songs Of L. And Hate. Christiane Rösinger 2010)

Die Vorsilbe »ver« markiert das betreffende Wort als negativ oder schwierig oder beschreibt die Bewegung eines Objekts oder seine Veränderung bis hin zur Zerstörung. Die Vorsilbe »ver« kann ein Fehlverhalten beschreiben oder bestimmen, dass eine starke, schwer rückgängig zu machende Änderung auf den körperlichen oder seelischen Zustand von jemandem oder etwas einen starken Einfluss ausübt.

Wo eine Villa ist, da ist auch ein Weg. (☞ Mieterinnen stressen zurück. Stadt unter Einfluss (Musical 2019)

Motto der jährlichen Mai-Demo durch den Berliner Problembezirk Grunewald, bei der Streetworker*innen den wohlstandsverwahrlosten Anwohnern*innen in Hausbesuchen und Gartenzaungesprächen die Alternativlosigkeit der Umverteilung nahebringen.

X freund (☞ Mein zukünftiger Ex-Freund. Sei à gogo. Lassie Singers 1992)

Dieses Bonmot vom zukünftigen Exfreund und dem Exfreund in spe ersannen Almut Klotz, Herman Herrmann und ich bei einer Probe im Jahr 1991.

Zu unserer Bestürzung wurde es gestohlen und ohne vorherige Absprache bei Steven Spielbergs »Jurassic Park« von 1993 in einem Dialog als *»my future ex wife«* verbraten.

Y a Ya Yippie Yippie Yay – ein Stuhl, ein Glas, ein Geld (☞Leben in der Bar. Sei à gogo. Lassie Singers 1992)

»Ya Ya Yippie Yippie Yay« heißt es in dem Lied »Von den blauen Bergen kommen wir«, das auf den amerikanischen Folksong »She'll Be Coming 'Round the Mountain« zurückgeht, gesungen seit 1880 von Eisenarbeitern im Mittleren Westen. Der Folksong wiederum geht zurück auf ein altes Spiritual mit dem Titel »When the Chariot Comes«.

»Ein Stuhl, ein Glas, ein Geld« ist die Abwandlung des rhythmischen Gehverses »Ein Hut, ein Stock, ein Regenschirm / und vorwärts, rückwärts, seitwärts, ran.«

(Mit dem linken Bein beginnen, mit dem rechten Bein nach vorn, zurück, nach rechts und dann die Beine schließen.)

Z wangskreativität (☞ Wo bleibt der Mensch. Hotel Hotel. Lassie Singers 1996 / ☞ Büro, Büro. Das schöne Leben. Britta 2006 / ☞ Wer wird Millionär? Das schöne Leben. Britta 2006 / ☞ Berlin. Songs Of L. and Hate. Christiane Rösinger 2010 / ☞Lob der stumpfen Arbeit. Lieder ohne Leiden. Christiane Rösinger 2017)

Die Themen Arbeit, Prekarisierung und Zwangskreativität ziehen sich thematisch durch die Lassie Singers – Britta – und Soloalben.

In »Wo bleibt der Mensch« wird schon früh (1996) das prekäre Künstlerleben besungen.

In »Büro, Büro« 2006 wundert sich das lyrische Ich über den

neuen Arbeitswahn und Ich-AGs, erkennt aber auch in »Wer wird Millionär« die eigene Prekarisierung.

Schmähreden auf die Kreativen und ganz Naiven hält es in »Berlin« (2010), und im »Lob der stumpfen Arbeit« (2017) sehnt es sich dann endgültig zurück nach einer einfachen, stumpf-meditativen Arbeit als Ausweg aus der ewigen Zwangskreativität.

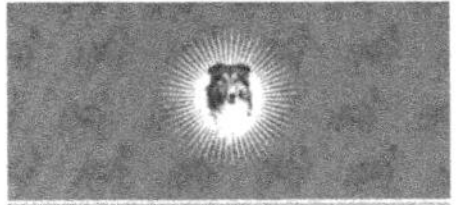

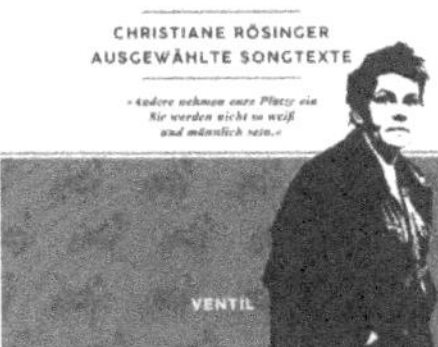

Bernd Begemann
Gib mir eine zwölfte Chance
Ausgewählte Songtexte
ISBN 978-3-95575-185-2

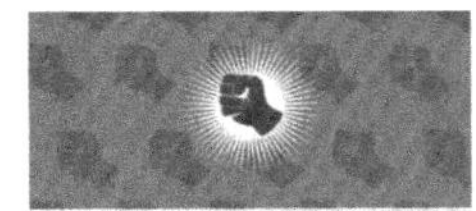

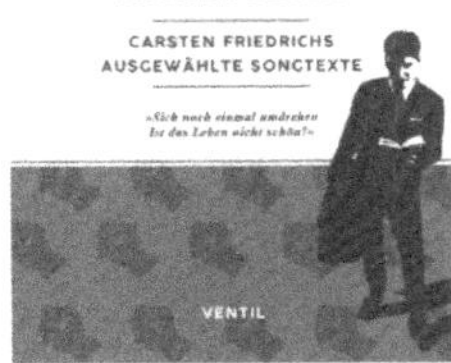

Carsten Friedrichs
Später kommen, früher gehen
Ausgewählte Songtexte
ISBN 978-3-95575-184-5

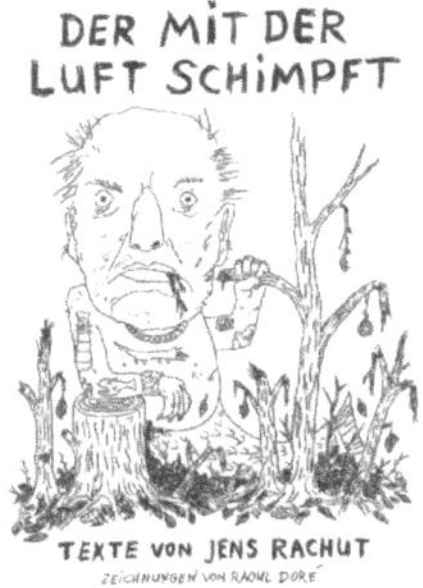

Jens Rachut
Der mit der Luft schimpft
Texte aus fast vier Jahrzehnten,
mit Zeichnungen von
Raoul Doré
ISBN 978-3-95575-134-0

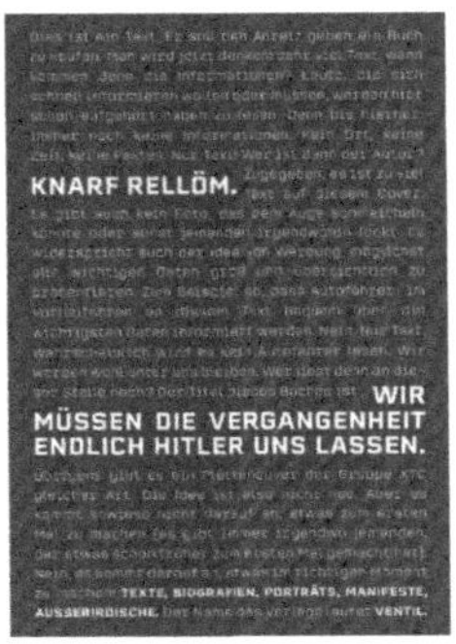

Knarf Rellöm
Wir müssen die Vergangenheit endlich Hitler uns lassen
Texte, Biografien, Porträts,
Manifeste, Außerirdische
ISBN 978-3-95575-114-2

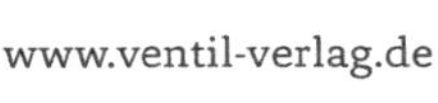
www.ventil-verlag.de

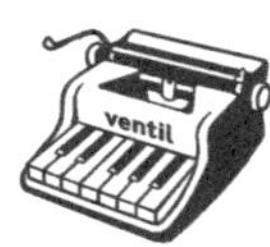

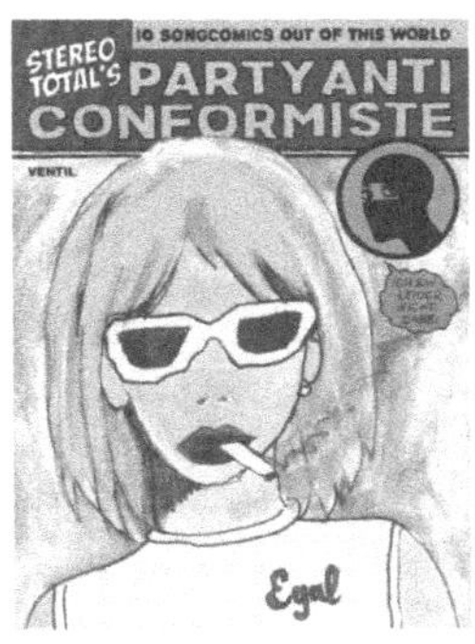

Buskies/Engelmann (Hg.)
Stereo Total's Party Anticonformiste
10 Songcomics
ISBN 978-3-95575-170-8

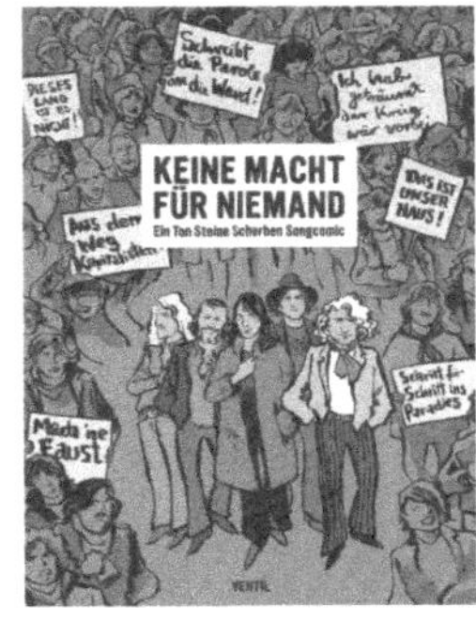

Buskies/Engelmann (Hg.)
Keine Macht für Niemand
Ein Ton Steine Scherben Songcomic
ISBN 978-3-95575-181-4

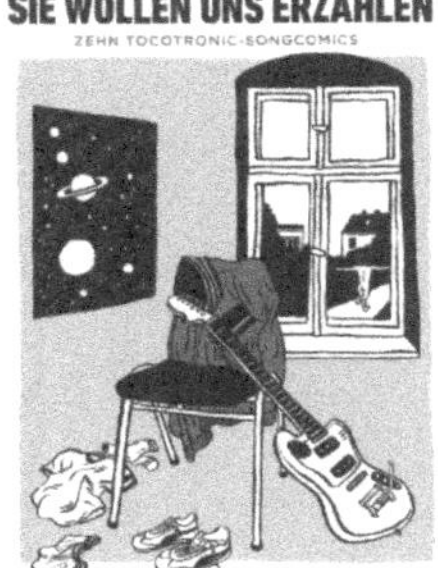

Michael Büsselberg (Hg.)
Sie wollen uns erzählen
Zehn Tocotronic-Songcomics
128 S., farbig, Hardcover
ISBN 978-3-95575-132-6

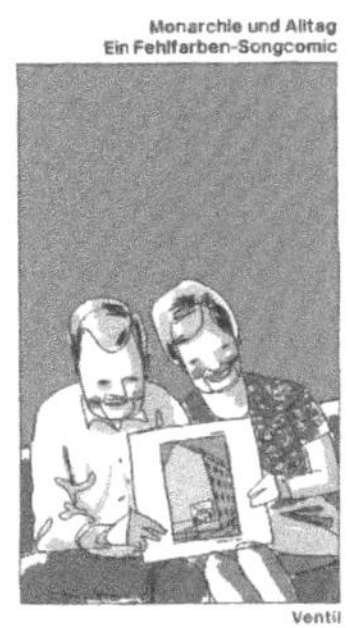

Buskies/Engelmann (Hg.)
Monarchie und Alltag
Ein Fehlfarben-Songcomic
128 S., farbig, Hardcover
ISBN 978-3-95575-171-5

www.ventil-verlag.de

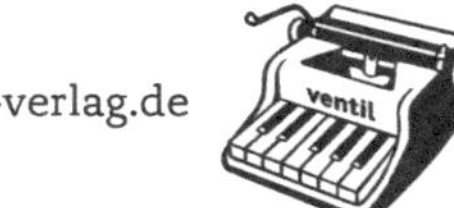